AF192583

Rafael Casquero Ruiz

Musgo, Madera, Piedra

MEMORIA POÉTICA
(dibujos del autor)
volumen quinto de la colección de poesía:

La palabra mágica

Albert editor

Rafael Casquero Ruiz
Musgo, Madera, Piedra

texto y dibujos
  Rafael Casquero Ruiz

cubierta y cuidado editorial
  Albert editor

depósito legal
  M-11411-2024

ISBN
  978-84-128607-1-9

impresión
  imprimelibros.com

Índice

I Inicio

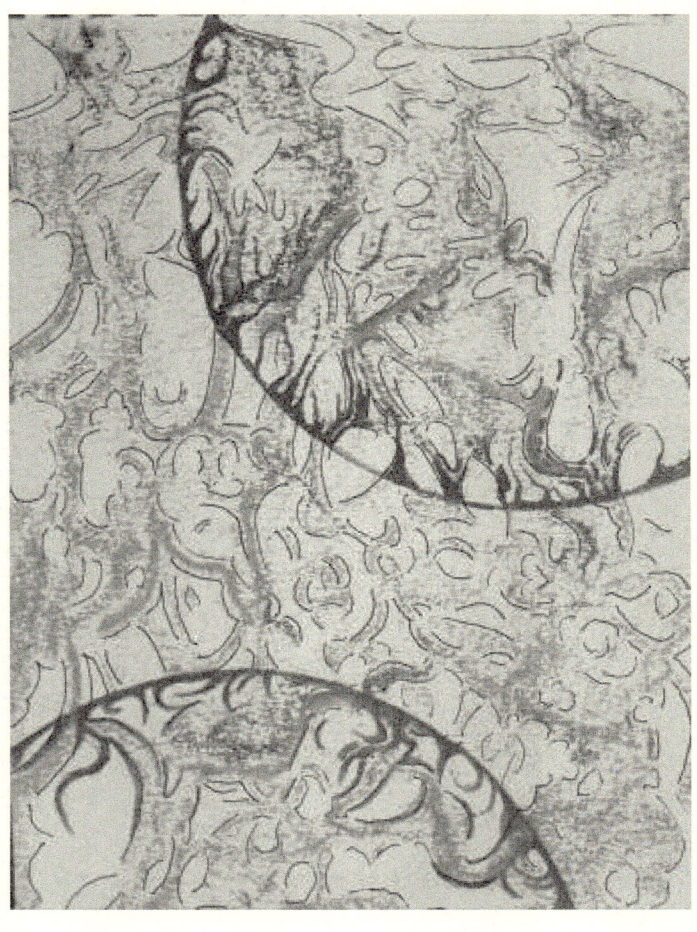

Lodo, puerta cerrada, penumbra, embarcadero,
Un mar que riela turbio en la noche del alma,
Remos, timón esquivo, para la noche en calma,
Para mis manos torpes, sin luna ni asidero,

Y así la barca va en el tiempo encallada,
Piedra solar, esfinge, cristal, molino, vía,
Arrastrando una carga doméstica, bujía
De oscuro relucir, en esta mar cercada

Y cuando en la tormenta se cimbree su sombra,
Círculos y cuadrados soñarán su postura,
La identidad borrada y el mapa en la hendidura
Por este antiguo nombre que la verdad no nombra.

Rumbo al caos me dirijo para salvar mi suerte.
En el libro se alude a cierta línea clara
Que atraviesa el infierno de la cultura avara
Y que salva del tiempo, la rutina y la muerte.

*

Era posible recuperar el equilibrio. Alguien tuvo constancia de ello y lo explicó en un manuscrito inmemorial. En los siglos posteriores se entabló la gran batalla entre el mito y el logos. Y la labor era ardua. En cada ser se levantaban orgullosos los dos contrarios. En la piedra, en la flor. Se transparentaban en el ala de la mariposa y rebosaban del cañón del fusil. Aún, mínimo, el logos descendía al vórtice del volcán en convulsa erupción, y allí encontraba un mito arrogante. Por el contrario, en la ordenada biblioteca de la facultad se hacía fuerte el logos y el mito se reducía a una sombra en el rincón.

*

Un cielo recién llovido prestaba a las calles su última claridad, y el pavimento fulgía ante la inminencia de la noche. El médico se acercó a realizar su último aviso a domicilio. Lento, el ascensor de olorosas maderas ascendía quejumbroso entre crujidos y un silencio de oquedad cercaba con sus rejillas historiadas la espiral de las escaleras. Tercero. Los pasos sobre el irregular suelo de madera se detuvieron ante la gran puerta verde oscura. Al apretar el timbre, sonó como una campanilla lejana. Luego, silencio. Tras un tiempo prolongado un nuevo timbrazo precedió a un sordo arrastrar de zapatillas que avanzaba del otro lado de la puerta. Cuando ésta se abrió, la silueta de una anciana se asomó al umbral. Tierna, desvalida, quejosa y anhelante, hizo pasar al doctor, llamándole padre numerosas veces. Ya en el salón, amplio y adornado de múltiples cuadros pintados al óleo, la mujer expresó su malestar con una desolada queja de abandono. Le reprochaba no haber acudido antes a confesarla y darle la comunión. En su desorientación, no reconocía ante sí al médico de cabecera, por el que tanto había rogado en el transcurso de su prolongada baja por enfermedad, y al que le confundía con el cura párroco de su barrio. Finalmente, y tras un interrogatorio de comprobación, aceptó tener delante a su doctor. Pero entonces expresó su dolor por no poder recibir la bendición. En la noche temprana, la luz de las lámparas de la casa era tan débil que permitía atisbar tras los balcones la claridad terminal de la calle. Ante el sufrimiento de la anciana, el médico asumió con respeto la suplantación que se hacía necesaria, levantó su mano y bendijo con solemnidad, siendo acompañado por la anciana con una señal de la cruz y una fervorosa oración cargada de piedad y arrepentimiento. Relámpago perdido, un sentimiento de beatitud inundó a los dos actores de la escena y el mundo se hizo bueno. Una insólita forma de curar el cuerpo penetrando en otro reino que se creía perdido. Prosiguió la mujer solicitando intercesión y demandando un trueque de peticiones en las oraciones diarias, y también logró la concesión de su segundo deseo, vivir en el recuerdo de alguna persona amada, y así, salvarse contra ese muro de barro que amenazaba con arrastrar a todos hasta la última playa. Se cerró la gran puerta y la cancela de metal. Apliques dorados junto a las molduras sucias del techo con su tenue luz iluminaban el número de cada piso, y de ese modo, tras la visita, el médico descendía confortado en el achacoso ascensor.

*

Resaca, gruñe el viento, retiemblan los cristales
Del pueblo marinero de ventanas opacas
Y un fuego ya extinguido agudiza la noche,
Grumete anonadado, sucumbía al derroche
De infortunios y duelos, vomitando resacas.
Ya el mar se le crecía como flores de sales
Ahogándose en el pecho, los oscuros desiertos,
Las arenas fluidas, los quejumbrosos puertos,
La vida se desancla y no hay nada en el cielo
Sino biblias quemadas y rezos olvidados.
El paisaje se hunde en el hueco sombrío,
La barquilla se estanca herida en el bajío,
La soledad inunda horizontes quebrados
Que rompen el cristal de un corazón de hielo.

*

La señorita sorbía su té, envarada sobre la silla, rígida, garza aristócrata rehuyendo el cieno del pantano, exquisita, adoptaba un aire displicente, cultivaba una distancia espiritual con el resto de los comensales, ella, tan elegante, impecable, tomando la servilleta plegada y aplicándola con delicadeza sobre sus labios cromados, para luego dejarla otra vez encima del mantel y así, mostrar con mesura al alargar su mano la pulsera de oro guarnecida con brillantes

*

La avifauna aleteaba gozosa con la laguna rebosante tras las últimas lluvias. Patos mandarines, garcetas, ánades y pájaros de discreto plumaje gorjeaban en el abril reciente. Un vuelo de grullas sombreó el bosquecillo lindante con el humedal y luego, en la tranquilidad de la mañana un certero disparo colapsó esta armonía simultánea

*

Había cuatro condiciones que reinventaban el mundo:

1. La convicción de la existencia de una inteligencia cósmica, suprapersonal.

2. El descubrimiento de que la salud y la enfermedad se encontraban condicionados en el círculo de los pensamientos y sentimientos.

3. La necesidad de reinventarse para establecer un nuevo pensamiento, y, por ende, una nueva personalidad.

4. La entrega a un estado ajeno al tiempo y el espacio.

*

Esas coordenadas parecían apuntar a un paisaje inasible. Sobre la tierra caminaban las personas con los ojos cerrados, piedras, rutina en el barro, torres demasiado romas, flores ya de plástico, los objetos comenzaban a adoptar un aire virtual. El universo se presentaba en 3-D. Los niños jugaban tecleando. Un sabor transgénico inundaba los paladares y había ceniza en sus manos

*

Vía. Buceando en la amada lengua maternal se encontró un tesoro de uves. Entonces eran llanos los caminos, y sabios metódicos indagaban luchando para hallar el sentido a este paraíso que la culpa había devaluado.

Veritas. A pesar de los rescoldos, en el arrasado suelo era posible encontrar diamantes, la certeza de las piedras, la inamovible verdad para consolar el mundo.

Vita. Las flores que honraban a los añorados difuntos difundían nueva vida en los recién nacidos, la realidad abrazaba maternal a los seres que se sabían desnudos y desvalidos.

*

Rubor, grito, piedra, lanzada, agua, fuego, sol, sal, vaivén,
De los escombros pudieron obtenerse pequeños anillos,
    alianzas,
Se sentía de nuevo latir la madre tierra,

Una caricia del padre sol os conforta y os da vida su
    antorcha,
Avanzad, es vuestro el mundo, si sabéis ser del mundo,
Convertíos en piedras amadas del viento, vibrantes de
    estrellas,
Escapaos del ara y del fuego iniciático, deshaceos del
    humo y del hueco,
De la carne y la semilla,
Y comulgad de esta presencia que os invade y os revela.

El vicesecretario leyó espantado este texto y abominó de
su inconcreción.

La directora general experimentó un estremecimiento
interior como de parto ante la sola mención de los escritos,
y los mandó censurar.

El ministro, ignorante, se daba aire con estas mismas hojas
que nadie leerá, y luego se sintió indispuesto y acudió
repetidamente al retrete.

*

Las dos hermanas, debido a su avanzada edad, habían
terminado por recluirse en su pequeño piso, aunque
custodiaban como un tesoro los 47 metros cuadrados de
una terraza que confería a su vivienda un carácter de ático.
Y allí permanecían, pulcras, respetuosas y amables,
mientras el reloj avanzaba a ritmo de péndulo y los

caballos del apocalipsis apenas refrenaban su furor en la contención previa a la caída del banderín de salida que pronto emprendería su implacable descenso.

Se aferraba a su cargo como si fuera una propiedad y sin darse cuenta se iba hundiendo bajo su peso.

*

Ayer la noche les regaló un aliento amable, envueltos en la tibieza del vapor tras la lluvia, en el pueblo tranquilo era agradable pasear sobre el asfalto mojado.

*

Era grata la transición en el atardecer del primer plenilunio de primavera y los amigos charlaban disfrutando del confortable fuego en la chimenea, del veterano sabor de buenos vinos, ronco, Louis Armstrong cantaba entre la tamizada luz indirecta y la lluvia difuminaba el paisaje azul marino que enmarcaban las ventanas, es un mundo maravilloso, la risa se desboca en la confianza del grupo, un clarinete se desliza acunado en los acordes suaves de la orquesta, apacible tertulia que observo desde mi introspección, y en la que me hundo, para contemplar reflejado en el amplio espejo del salón la escena, los viejos amigos y amigas, vivos, poderosos en la comunión del ron y la ginebra, ahora vuelve la llovizna y vagos animales se desplazan en el paisaje rural de heno y lana, humo placentero de los resinosos leños, ceniza, fin, principio, cáliz, manantial desbordado, la belleza de las jóvenes que en el espejo vuelven a ser nuestras primeras novias, ahora envueltas en la miel dorada flotante que dejaba en la sombras cuanto hubo de amargo en cada vida, torrijas en abundancia, banquete para celebrar la vida y honrar a los amigos muertos, y esa sensación de estar a cubierto de un diluvio, barca, brazo de agua, aluvión que fue llevando o trayendo, y eso fue lo que hubo, y esto es lo que queda.

*

Una luna inmensa amarillenta, rompiendo nubes, asciende en la montaña de la noche.

*

Añil, calor oscuro, sudor, pistola, carro,
Azahar y hierbabuena, hierro, coral y vino,
Círculo, calavera, sedal, pan y camino,
Nube, luna, alianza, cariño, sol y barro.

Y se fue segregando y se fue deshaciendo
Y ese yo que tirano al mundo dominaba
Era solo un error que la vida borraba
Y se fue reduciendo y se fue disolviendo.

Y así, la muerte besa con amor en los labios
Y el azar se retrasa y la urgencia bosteza

Y la ciencia se humilla y agacha la cabeza
Y se cierran los libros y enmudecen los sabios

Y el corazón hendido acepta la derrota
Y se pierde la guerra del amor y la vida,
Y en el bajel hundido el capitán se olvida
De su tierra pasada, de su isla remota.

Así el mar es camino, y la duda un fanal
Que el Hacedor otorga en el sombrío ocaso
Y el hombre se hace niño y vuelve sobre el paso,
Y es perpetua la vida y un principio el final.

*

¡Oh, vamos, Dorothy! ¡Te serví el té en exceso caliente!

¡Querida, está delicioso! Cómo te relataba, vivir en la isla era te-rri-ble. No te puedes ni imaginar. En ocasiones no había en el bungalow ni dentífrico. Y luego, ese sudor tan espantoso… me producía una jaqueca, querida, te-rri-ble, así que tuve que suplicarle a John que me sacase de allí.

¡Oh, pobrecita! Y además he oído que no tienen marcas en las tiendas, que a los nativos les gusta andar descalzos… ¡Dios mío, y que puedas pisar una de esas horribles cucarachas! Yo antes tenía una mucama a la que tuve que echar porque me descolocaba las cosas y ya sabes lo meticulosa que soy con el Feng Sui.

*

Corazón de obsidiana, duro, brillante, oscuro
Y un cuchillo de carne, herible, sangrable, abrible.

*

Se cruzaban las sustancias y los signos y en la cosmovisión del iniciado las paradojas iban abriendo respuestas, el planeta era una lenta deriva al caos, tras la ensenada se abría resplandeciente una playa de luz, un paraje edénico invitaba a quedarse, dejarse caer, abrir las claraboyas, descorrer los cerrojos, hundirse, accederse, y un carrusel de astros sellaba el anillo y se iniciaba la apertura de la gran puerta.

*

Y de nuevo caerse y vuelta a levantarse,
En sigilo la sangre organiza su juego,
El cielo es una inmensa pirámide de fuego
Y la flor de una hoguera invita a abandonarse.

Sintió inmensa ternura corriendo por sus venas
Relámpago de hielo en la piel de los montes,
Eran suyos crepúsculos, inciertos horizontes
En sus ojos azules, espejismos y arenas

Y vaga a la deriva la barca de su vida
Y en la rivera mansa se hace blanda la brisa
Va a la bahía un beso de su suave sonrisa
Y en la vía del viento se desborda y olvida.

*

El milagro podía suceder. En el corazón de la ortodoxia, en el epicentro del poder, con la certidumbre de las sucesiones oscilantes y la milenaria sabiduría que provino del este, surgía ahora un germen mínimo, una promesa de hermandad, sobre toda ideología, de la esgrima intelectual, de la erudición dilatada y onerosa, más allá de los corsés políticos, de las visiones presuntamente objetivas de la economía y el enfoque social internacional, por encima de las previsiones de sabios y eruditos, se abría una esperanza, el acceso a la humanidad por los caminos de la compasión y la gratitud. Para llegar al gran descubrimiento de que todo está en todo, del inefable gozo de ser en todo trascendiendo barreras, etiquetas, definiciones, para, usando nuevas herramientas, la humildad, el amor y el humor, deconstruir la realidad y celebrar el gozo de la gracia.

*

El consejero repasaba el dossier nervioso, se ajustaba el nudo de la corbata y en su aséptico despacho, ornado de modo inusitado por un gran mural abstracto que él hubiera deseado retirar pero que era del agrado de su superior, el señor presidente, releía con impaciencia los manidos textos que volvería a presentar en la comparecencia pública ante el gabinete de prensa y la incómoda presencia de fotógrafos y redactores de periódicos. Era duro tener que pronunciar palabras en las que ya no creía, pero se trataba de superar el trance, una prueba más. Y esas mismas palabras se iban pudriendo en su boca, conforme ascendía en los cargos políticos iba perdiendo credibilidad en sí mismo. No sabía si realmente descendía peldaño a peldaño por la escalera de la indignidad. Eso sí, a fin de mes recibía un saneado empuje en la cuenta oronda de su banco. Esas eran entre otras las vicisitudes de su cargo

*

Ojos fieles de perro, la piel tibia que le envuelve, saber que sueña en una noche de lluvia, canario en una jaula, lentos paseos al atardecer, páginas olorosas de un libro nuevo, caricia de un abrigo en invierno, sol, aroma de hierbabuena en el patio, quedarse callados en un museo, subir a la torre de la mano, abrazar a un niño y sentir nacer la ternura, caja de pinturas, los juegos en el recreo, el gol, los vencejos en los veranos, la vieja Vespa, ser amado, los cines de barrio, la primera corbata, la guerra que surgió en él, la jugada de ajedrez con la que derrotó a su padre, el hacha, canciones de libertad, juguetes, objetos, eslabones de una cadena que le guiaba y ataba, y luego, amar, y deshacerse toda atadura, volcarse fuera, ausentarse de sí, perder el yo para ganar el todo.

II Creación

Sobre el tablero de contrachapado extendí una doble capa de acrílico blanco. Era una concesión al inicio del cosmos. Génesis. Y luego el hacedor permanece detenido ante esa superficie que es el vacío primordial. Podría transcurrir mucho tiempo, aunque el instante queda significado al trazar unas manchas frenéticas de un negro brillante. Lo asocio a otro color oscuro e inmiscible para cubrir en gran parte la tabla. De momento podemos considerarlo un espasmo creativo en el seno del caos. Aunque, poderosa, la razón comienza a tejer su red de relaciones. Puede surgir una zona clara a modo de diagonal, para crear el protoargumento de la obra. Convención, dicha tendencia se extiende de lo inferior izquierdo a lo derecho superior. En ese momento se decide el ámbito en donde quedará catalogado el cuadro. Se trata de la tonalidad predominante final. Probablemente una gama de azules. Y aquí empieza la evocación de los mares internos, de las olas, notas culturales de los maestros: Hokusai, Pollock, Klein, Feíto, Barceló, que se disuelven en una forma menos nítida y más mía, la abstracción lírica rica en turquesas, añiles, ultramar, y verdes minoritarios para ampliar el abanico. En menos ocasiones son los rojos los protagonistas indiscutibles y la superficie irradia la vivacidad de los sentimientos primarios sin apenas filtro alguno, tal vez ocres y amarillos degradados para romper el efecto del plano. Casi de modo habitual, dejo caer aguarrás sobre la superficie horizontal en la que pinto, o bien agua para disolver la materia ya depositada y aumentar el efecto viscoso, diluido, acuoso de amplias zonas. A la vez la textura se enriquece con golpes y barridos de pinceles gruesos, brochas, salpicados en blanco y el toque salvaje de pequeñas manchas negras a intervalos, trazos esgrafiados con predominio diagonal para otorgar vivacidad a la obra, aparición de motivos secundarios ocres y granates matizados, emborronados por hojas de periódico para seguir agradeciendo al azar parte de la autoría y del mismo modo la aplicación de un trapo contribuye a nivelar sombras y luces. En cualquier momento es posible que el proceso quede detenido, por un sentimiento agradable de aceptación, y en otros casos, puede aparecer una pirueta imprevista: un punto rojo que, aunque tardío, pasa a ser el organizador central del cuadro o la anécdota que lo justifica. Así es también la realidad.

Y mientras pinta, el autor se deja invadir de asociaciones libres que van fluyendo como brota la pintura de los tubos de óleo y la tinta de sus recipientes, y dichas ideas influyen en el proceso. Al modo de los grafiteros, rocía con botes de pintura de aerosol la superficie de las tablas, aunque la semejanza se queda ahí. Él busca un efecto de levedad, un degradado, influido por la preferencia de una estética japonesa, aunque fatalmente transformada en barroquismo por la vía de la saturación, el horror al vacío que ya pudo admirar cuando niño al estudiar en filminas la belleza de los vasos campaniformes de la cultura ibérica. Y el juego de las sorpresas, volverse niño embadurnándose las manos de colores primarios, asombrarse de los caprichosos itinerarios de los pinceles que se mueven entre sus dedos, la búsqueda antigua de un estilo que ya no es importante para él, porque el estilo es como el camino, quien cuando anda mira solo a sus pies no llega donde quiere, quizá se queda encerrado en un trayecto circular atado a su yo. Y él prefiere sentirse pintura, tinta, color, acrílico y madera, hundirse en el cuadro y perderse en la gozosa creación inicial que conformó al universo.

*

Abril luciente.
Los días se alargaban.
Renacimiento.

*

Se anegaba la tarde de lluvia silenciosa,
Pisadas sobre el brillo de un asfalto mojado
En el marzo tardío y un paisaje velado
En la bruma envolvía la palabra y la rosa.

¿Cómo poder creer que llega primavera
Tocada en este velo de agrisada tristeza

Si las horas transcurren en los jardines muertos
Cuando no se adivina ni en los dormidos huertos
Una señal esquiva que otorgue la certeza
Del nuevo renacer, tras dilatada espera?

Pero surge también, como lobo enjaulado
No solo un botón mínimo que marcará una flor
Sino también del fuego del abismo interior
Una sangre encendida y un silbo enamorado

Y al amor y a la vida, y a la flor y a la muerte
Se les abre la puerta y comienza la danza
Para volver a ser de nuevo una esperanza
Y un temor y un anhelo, y una luz y una suerte.

*

Hubo hace más de 40 años un deseo de escribir sobre una
gran casona cercada de terrazas ajardinadas. Incluso
fantaseó sobre una obra literaria que contuviera a dicha
edificación e incorporase a sus habitantes. Pero lo que no
pudo llegar a reflejar era el etéreo cromatismo que
dibujaba jardines distintos según fuera el curso de las
nubes y los astros. En el lechoso amanecer de marzo
cabeceaban bajo la lluvia pertinaz los primeros jacintos, y
las acampanadas flores de los narcisos bordeaban el

pequeño estanque. En otra ocasión, la luna llena transformó la terraza frente a la puerta principal en un lago de noche y plata, con acentos violáceos en la muralla de lilos que cercaba la barandilla. Cuando el mediodía en agosto pobló de geranios las ventanas, la luz cenital aplastaba la vegetación y sombras mínimas salpicaban el paseo empedrado. Aquella mansión, por lo inasible de su paisaje cambiante y la ausencia de personajes, nimios en su comportamiento, anodinos en la rutina y para el argumento absolutamente intrascendentes, fue adquiriendo una connotación fantasmal, se demoró el proyecto literario, pero aún en ocasiones le parece adivinar las altas rejas que la cercaban, ya comidas por el óxido del tiempo y árboles de tortuosos troncos escasamente poblados, ve hojas amarillas flotando en el lago si es otoño o la huerta trasera abandonada con los arbustos sin podar, ya secos, y hierbas entre los peldaños de la amplia escalera principal. Entonces él es ya su único propietario, y se permite una licencia que no estaba incluida en el guion original. Coge una vieja hamaca y la coloca bajo el porche, guarecida de las corrientes del viento que baja de la montaña, y abre un libro para disponerse a leer estos mismos escritos.

Ayer el cielo era una inmensa cúpula de cristal, de esto hace muchísimos años, se lo dictaba al oído una memoria inexplicable, y era pasmosa la lluvia, mojando el baby y la cara alborozada bajo el bautizo cósmico, pero esas cosas no las sabía aún, tan solo vivía, meteorito errante, y sus risas eran las primeras alegrías de la tierra recién nacida, y

al indagar con un tesón programado fueron des-
enterrándose las vivencias posibles, sin duda en un lugar
antiguo voló, ánade por esos mismos cielos que un niño
admiraba embelesado jugando a cazar nubes, fue también
la bóveda celeste, su cuerpo era turquesa y un ave de
plumaje rojizo dormía en su corazón, antes de las historias
y los cuentos, como cuando se sintió invadir en su castillo
de coral, o en las marciales formaciones de sus soldados
de plomo, así que cuando enamorado descubrió que en la
penumbra de la noche se abría un manantial para él, que
era suya la dicha del mundo, que estaba ya solo con ella,
lo demás era un tiovivo alegre acompañando el hechizo,
quedó colmado su deseo, pero tuvo miedo de que se
quebrara la aparición, y con ella, el vaso de ron que portaba
su mano, la cúpula de la noche y el celofán que envolvía
su existencia.

*

Nos desdibuja
La lluvia persistente
En las aceras.

*

La señora se sentó ante el micrófono. En la gran sala, un
expectante silencio, ráfagas de flashes y la vibración
molesta de los altavoces. Se apresuró un técnico y el
silencio volvió a reinar. Entonces, ella, tan segura de sí

misma, esbozó una leve sonrisa, y comenzó la función. Era el primer acto y la presidenta inició su discurso –ella lo llamaba palabras- saludando a las diferentes autoridades poniendo un celo especial en otorgar los títulos y dignidades correspondientes y citando en un estudiado orden jerárquico. Pero las tablas escénicas le permitían a la vez fingir un aire descuidado a la par que respetuoso. Excelente entonación, dicción matizada, oportuna elección de los diversos adjetivos, miradas intermitentes a un guion bien sabido, el auditorio escuchaba con interés la intervención de la primera dama del elenco teatral. En el segundo acto tomaron la palabra diversas figuras de renombre político cuyo prestigio se iba devaluando según avanzaba galopante la atroz crisis que sumía al país. En el tercer acto, la presidenta llevó al máximo el paroxismo de su vehemencia revelándose como la líder indiscutible, imprescindible para gobernar esta tierra que hacía aguas, y al final, a falta de bravos, se extendieron por el auditorio vítores y aplausos que hacían temblar el agua de los vasos de los oradores. Quedó demostrado que en tiempos de penurias el pueblo seguía amando la farándula de los tablados.

Pensó que una nube oscura podía aplastarla, su cielo se había convertido para ella en una grávida presencia, una sombra amenazadora, ignoraba qué dios había sentenciado su existencia con el opresivo signo del temor, avanzaba recelosa en los recovecos de la vida y en sus paisajes imaginarios, gárgolas malignas contemplaban su discurrir, se habían clausurado las puertas del edén, ángeles flamígeros sentenciaban el destino arrojando a los desolados humanos al valle oscuro, y en esa continua inquietud las flores del mal bordeaban sus erráticos senderos, podía avanzar entre la gente, y se sentía extraña, ignorada, reducida a una duda... y una fuente encenagada manaba en el subsuelo, barro, premonición que se reforzaba a sí misma, ¿Dónde quedó la dulce muerte de Ofelia?, entre sus manos, abrojos, ramas de árboles malsanos heridos de dolor, y quiso saber si lo suyo era un sueño, y el Soñador le informó que tan solo era una imagen onírica en una pesadilla poblada de arañas y dragones, y que la Nada misericordiosa la acogería cuando al fin sonase el despertador.

*

Naturalmente, usted tiene todo su depósito garantizado, no olvide usted la solidez de nuestro banco, y ya sabe, a un interés progresivo, con exenciones fiscales... en fin, su situación es envidiable, sus millones van a descansar en buenas manos, a la par que le producirán pingües beneficios. Es el mayor interés que en estos momentos ofrece la banca. Por esta operación que vamos a cerrar pasa usted a ser un cliente preferente. Ahora, por favor, firme aquí.

III   Abril

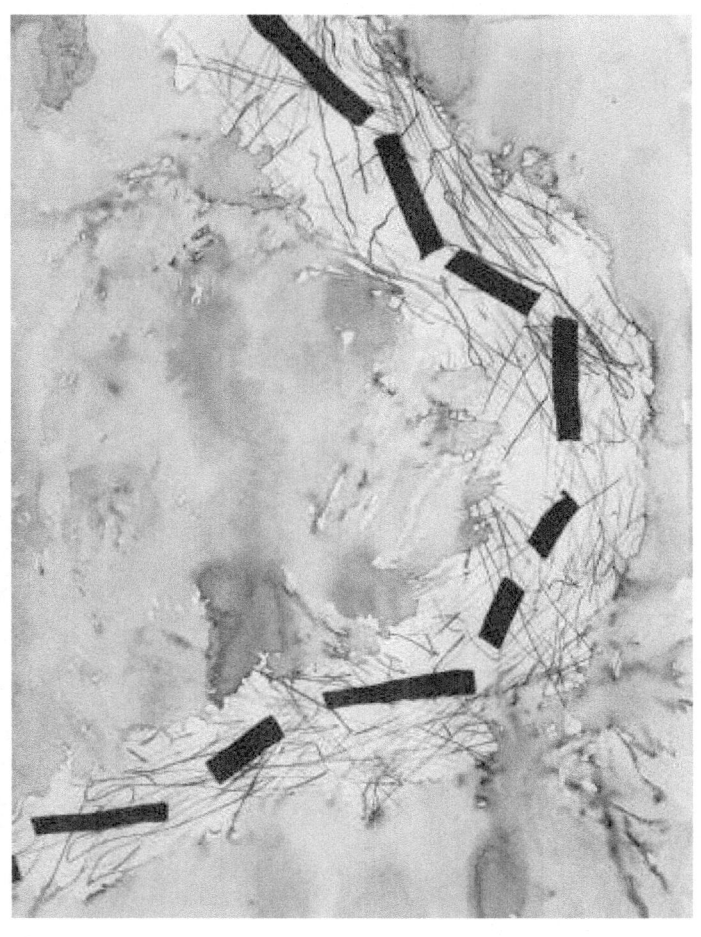

Abril de la sangre nueva, de la olorosa llamada de los valles, de la voz del agua y el juego de los vientos, abril verdiazul, turquesa en los jardines, de la fertilidad alborozada, riente, danzante en el baile de los astros y la música de las esferas, un nuevo calor en la tierra germinal, de los mitos y ritos, de las calenturas del amor y del aliento manso, abril que abrigas la esperanza en el renacimiento, que abres el umbral, que abrazas con tu canto, de los últimos humos y de las piruetas sobre los campos, de las guirnaldas en el aire, de las raíces despiertas y de los parques ciudadanos, abril festivo, abril vilano, abril...

Aquellos brotes que abril alumbró fueron luego adorno en los dilatados veranos, llamas de un encendido naranja, pétalos engarzados en las flores del viejo granado que plantó el abuelo, contemplaron los primeros juegos sobre la hierba irregular, húmeda tras el riego y templada en las siestas a la sombra de los chopos, flores que eran promesas, pero que unas manos caprichosas arrancaban rompiendo la universal cadena de los hechos sucesivos, troncos torcidos de forma irregular, aquellas pequeñas flores podían terminar en un búcaro junto a la imagen de la Virgen, o bien deshechas entre los dedos de los niños, y las ramas se iban inclinando al peso de las crecientes, lunares, progresivas granadas, de coriáceo pelaje, y en ese envoltorio anodino, al tiempo del otoño y los primeros fríos asomaban perlas granates y se veía el jardín recogido, las primeras hojas amarillas sobre el césped y el cenador vacío. La ofrenda culminaba en el hielo invernal, y no podía recordar cuando el ya lejano viaje a Italia esa maravillosa entrega, esa confianza conyugal entre las efigies yacentes de los esposos en las tumbas de Etruria, y se escapaba la imagen que un día captó la retina de una mano ofreciendo una granada a la amiga amada esposa, las fotos del museo permanecían ordenadas en los álbumes que ya nadie hojeaba, ni podía recuperar su memoria que aquel acto era un pacto, el regalo de una eternidad, y los libros no volvieron a decir que la granada por madurar al final del ciclo anual fue utilizada como símbolo de renacimiento, ya que los ojos amantes de los esposos en las efigies repetían para siempre el anhelo supremo de los frágiles humanos, el deseo de una compañía amorosa que pudiera trascender la muerte, y nunca volvió a oír cantar al coro de niñas el romance que transforma a los jóvenes amantes en rosal y espino albar, y a la consumación de la poesía, en garza y gavilán.

*

Amar, temer, partir —ruptura o pérdida—
Esos eran los verbos de mi infancia.

*

Ciudades imperiales de la vieja Europa, armaduras oxidadas, encerraban dentro de sí mismas una dignidad que los siglos fueron desmoronando, cardenales, obispos, monseñores, degradadas a destino turístico, reyes de suntuosas coronas y reinas muertas, banalizadas urbes en los mapas comunes, correteaban por los embarrados caminos cantando y contando chanzas, y desnudas poblaciones para las miradas comerciales, iban siendo roídas por la Historia, titiriteros, danzantes, gente vil de la farándula en los abandonados campos del señor, y del otro lado los muros y baluartes inútiles cuando concluyó el tiempo de la pólvora, rosas de sangre, velos de dolor, canciones de cuna para noches febriles, reductos en un tablero de ajedrez cósmico, desde las cabañas se oteaban las altas torres coronadas de pizarra, fueron la sede del poder las villas y el objetivo bélico, y ahora, ¿quién pudiera imaginar enjambres de hombres levantados contra hombres, la furia, la devastación y el hundimiento de las catedrales, bajo las piedras, lanzas, flechas, arcabuces, bayonetas, balas y ojivas cayendo del cielo, ángeles de la muerte, para invertir los términos y transformar la bóveda celeste en un arcano infernal y a la mansa tierra nuevo paraíso para una nueva raza, más allá del presente sombrío y el etéreo futuro?

Y giraba la rueda de pan y canela, lo antiguo huyó y lo por venir mantiene un dilatado vacío en sus venas, ha crecido mucho en este último año, granos asaltan su cara asustada, descubre que no hay nadie a quien querer porque hasta el carcelero huyó, y sólo queda en sus manos la llave herrumbrosa y en su obsesión la cerradura de la puerta que no pudo abrir. Le dijeron tantas mentiras que en los estragos de su conocimiento flotaban amplias dudas y la desesperanza como serpiente cruzaba rozando sus pies descalzos. Ahora podrá tomar el hacha del verdugo, por fin recuperará su libertad lograda cercenando cuellos, y no habrá piedad por cuanto fue herido y humillado por el solo hecho de nacer humano. Soy una roca, una piedra redonda, inmune, invulnerable, afronto el frío norte y el enojoso sur. Aprendí a destruir mundos, en mis sueños que concluían en un sudoroso jadeo, vencí ejércitos, violé fronteras, pero ahora el presente me cerca con gruesas cadenas, soy guardián de mí mismo, yo soy mi propio prisionero, y un gato azul en la sombra, y un gallo rojo imaginado, avanzo con la resolución de un suicida y la íntima convicción de que la mano de mi Diosa acoja este resto salvaje y desolado, y devuelva la carne a mis huesos y el brillo a mis ojos, y a falta de palabras, la miel para mis labios, y luego, reposar, y llorar de alegría envuelto en el aliento de su Gracia.

*

Acorazado surgido de la bruma metalizada de la bahía, en un espeso silencio, su presencia constataba una realidad largamente temida, y si el temor había dejado de ser ave de paso, anidaba en el sombrío mutismo de los isleños. Pronto vendrían otras presencias, para sellar un estado de sitio aún no declarado oficialmente. Erraban en el cielo gris gigantescos aviones, trazaban trayectorias amenazadoras ensordeciendo el aire, ella agitaba su pamela en el contraluz de la tarde, abrió una caja de bombones y tomó con suavidad uno envuelto en papel de plata rojo. El aire acondicionado generaba una brisa que movía el borde de las cortinas. Fuera estaba la guerra y dentro, ella se dedicaba por entero a cultivar la paz de los bonsáis, de las pequeñas cosas, sentada en la mecedora ahora jugaba con las cintas de su blusa, creyó estar soñando si veía la tierra arder en explosiones, pero de este lado del cristal al arañar la aguja el vinilo una sonata al piano la transportaba a un mundo ideal, ficticio, encantador, y si del otro lado el napalm arrasaba la vida, aquí ella se entusiasmaba de pronto con el brillo de sus nacaradas uñas, adorable esmalte para borrar el hambre, tapizar de confort las riadas de sufrimiento y silenciar el horror adivinado tan cerca de ella, que de golpe se abrió la puerta de su sentimiento y los últimos estertores de su perrita muerta la estremecieron, y caían bombas de los cielos y plumas de ganso desde los albos almohadones rotos en juegos infantiles, la sangre manaba de la carne y en la fina cómoda unos gladiolos aportaban su nota vivaz como complemento del autorretrato que ella fantaseaba asomada al espejo, y si la vida era un cofre de hierro, ella eligió para sí la urna de cristal, figurita policromada de porcelana barrida por un mal viento que fatalmente la hizo trizas, no contra el asfalto urbano, ni en el barro del arrabal, sino más bien en el definitivo desvarío de una agobiante sobremesa.

*

Se acercaban en pequeños grupos, iban descalzos por los caminos, vestidos sencillos blancos, purificándose antes de entrar en el lugar del oráculo. En corro, sentados en sillas de estilo inglés, acudían puntuales a la habitación tapizada de verde. Venían de la Tracia, algunos del Peloponeso, de territorios lejanos, como de las pequeñas aldeas plantadas entre los olivares. Habían renunciado a la disipación y los hábitos nefastos, llevaban banastas con ofrendas a Apolo. La gran madre miraba fijamente tras de sus gafas, y nada le pasaba inadvertido. Observaba las conversaciones, las entonaciones, los silencios, las posturas, el ambiente grupal, descubría las tensiones internas, buceaba hasta las profundidades del inconsciente y aquí pescaba un complejo, allí detectaba una depresión larvada, para volver a surgir de la laguna Estigia, para dictaminar inexorable la realidad psicológica de sus pacientes. Salía de entre las gigantescas rocas, envuelta en un humo de beleño y belladona, áspero, acre, tambaleándose en su ebriedad, y los consultantes se arrodillaban esperando la respuesta del oráculo a sus preguntas, una inmensa serpiente pitón se deslizaba por el fondo de la cueva, el reloj inexorable comprimía las intervenciones orales y se tensionaba el ambiente entre la avidez para hablar movido por la angustia a la autoimpuesta censura que cerraba ojos y sellaba labios. La psicoterapeuta mantenía un silencio benéfico que despertaba cuervos y palomas, removía el estancado cieno y drenaba las lagunas del conocimiento.

La sacerdotisa creyó volver a la realidad en un futuro lejano revestida de otra manera, y volver a crear en derredor un religioso respeto, y la psicoanalista sintió dentro de sí un recuerdo, un déjà sentu, y que en Delfos, no lejos del frontón del templo de Apolo (y de su frase imborrable "Conócete a ti mismo") volvía a ser una fuerza telúrica, la voz del destino, la luz que ilumina al mundo (paradoja en una cueva inundada del mistérico humo) para, en cualquier caso, acercar la sapiencia de los dioses a los pobres humanos, y estas cosas podían suceder a finales del pasado siglo en un barrio de postín, como en la Hélade amada de sus dioses que otorgaban en ocasiones la luz divina a la clarividencia de sus moradores.

*

Acariciaba su cuerpo envuelto en tinieblas, besaba la piel nacarada de su carne desnuda, olía a un mar lejano, era, ya un bravo conquistador empuñando el timón de cara al viento, ya náufrago aferrado a una madera flotando en el mar batiente, rugía una tormenta agazapada tras la cadena de montañas costeras, pero él seguía sumergido en ese instante profundo en que las cosas que le envolvían permanecían inanimadas, la sonrisa de sus labios entreabiertos que tantas veces le besaron, rodeó su cintura con un abrazo desmayado, líquenes y sus ojos vidriados en la fosforescencia del corazón, ahora callado, para escarbar buscando el calor de los encuentros furtivos, sobre sábanas de sal, la marea hace ya mucho que los envolvió, presos en las pequeñas cosas de la vida, eran un solo pulso, y ahora en este inconmensurable hueco en el cielo la abrazaba como se zambulle uno en el deseo, frenético, y cada segundo era el final de su vida, y cada palabra la cancela de su puerta, y creía escuchar los ángeles del cielo que descendían para cantarles y el amor por fin se definía como lo que era, cúspide de gloria y vórtice de pérdida, aunque aún, maromas, cabos de nudos enigmáticos, les quedaba una salida hacia el amor renuncia, esa dulce consolación de sentirse aniquilado en el ser que uno ama.

*

Se escurrían los escritos por el cauce del tiempo. El rock. Micrófonos. Focos. Tupés. Chicas. Patillas de bucanero. Roll over Beethoven. Gintonic con Bombay Zafir. Chapas. Chupas de cuero negro ribeteadas de chinchetas, tachuelas, pinchos, muñequeras. Negro en las paredes, suelo, techo, fondo, graffitis, uniformadas chicas con blusas de lunares y faldas hasta media pierna, sonido añejo desde los surcos de un disco de vinilo, surca un tren las vastas llanuras del medio oeste, Memphis radiaba la ronca voz de Elvis, el mundo era una aventura y no estaban vencidos. Orgullosos, inventaban la libertad explosiva de nuevos ritmos frenéticos (ecos de percusión africana, baladas anglosajonas dejaban sus notas lánguidas en el aire acústico, voces efervescentes), bailo con mi chica y en el gramófono atruena el pulso de la sangre hirviente. Trompetas estridentes desbordan los moderados acordes previos y anuncian la herencia y fusión con un jazz agazapado, aunque aguzando el oído aún pueden encontrarse vestigios de charleston en algunas piezas, antes de que la contundencia de baterías y guitarras apisone con la solidez de su presencia la sensibilidad de los locos años 20. Jóvenes rubios abriendo la cultura al grito de las guitarras y los latidos de la música negra que se han liberado del blues explotan en los dancings y se revela otra vez la verdadera realidad en esos muchachos nerviosos de brillantina y en el vuelo de las faldas abriendo promesas de un deseo disfrazado en el obsesivo, triunfante, persistente rock and roll de la supremacía y el orgullo de los chicos de la nueva América que medio siglo después germina en la ruta 77 de la vieja Europa. Pero han aparecido luciérnagas en las grutas del underground. La preocupación por recordar este momento mágico en el futuro transforma el presente en una filmación de algo que no se vive. Manos en alto apuntando a todas partes. Fotos, Videos. La escena total y la cámara omnipresente robando besos y caricias bajo los neones y el sudor de ginebra y whisky.

*

De modo que ella llegó a ser la protagonista de su propio cuento. Comenzó fingiendo, como juego, como rareza para obtener un hueco entre las esquivas amistades, no sabía claramente qué se esperaba de ella, aunque una osada autosuficiencia le abrió el paso, lapislázuli en sus collares egipcios, carmín a la noche, las manos aleteaban y era hermoso su perfil de gran diva, aquellas caídas de ojos y el "te adoro" que repartía profusamente entre sus conocidos, se imaginaba reina, sacerdotisa, madame del prostíbulo sagrado que ciega a los hombres, aunque en su remoto corazón se protegía con espinas y rosas, bailaba en el paseo vespertino, era más aérea que el propio aire que se dejaba perfumar y luego, caprichosa, cerraba las contraventanas y se retiraba del escenario dejando con la miel en los labios a sus amistades, vanidosa, pocos sabían que debajo de esa piel tatuada de brillos y untada por cosméticos de París se escondía un animal herido, le cayó ya hace años una etiqueta, que si narcisista, que si neurótica, y desechó en adelante los divanes psico- analíticos de los que por sistema recibía una ducha de culpa y la insatisfacción de no obtener la respuesta a su demanda, ¿qué tengo, qué me pasa, se me va a quitar? Y la sonrisa más distante que educada del terapeuta le dio una pista: yo también seré así: críptica, enigmática, esfinge para los buscadores y cartel borrado para los perdidos. Del juego pasó al hábito, la rutina, y cuando quiso darse cuenta, el traje encorsetado se había pegado a su piel: frívola, libertina, mojigata si procedía, aunque conve- nientemente congelado su afecto, que se guardaba para poder seguir rumiando y bebiendo del lago en que se ahogó Narciso. Y en ocasiones era turquesa y oro, brillaba con el reflejo de la trompeta solista o inundaba a los presentes en la turbulencia de un coro final.

*

Serpiente que se muerde la cola, dragón alado, molusco, caracol, unicornio de pelaje lívido colocando la cabeza mansa en el regazo de la virgen, laberinto de las cruces celtas, cielo enladrillado fulgente de luna, ojos de miel y copa de veneno, tigre merodeando, arcángeles, el castillo, la dama, el trovador y la horca.

*

Del cofre de metáforas surgían los tesoros pero el niño abría con miedo la tapa y en la noche de brujas aullaban lobos lejanos, terribles en la negrura y arañaban las puertas y babeaban apoyados en las ventanas, aunque en la sabiduría primigenia que nos fue otorgada la criatura torció el destino y se recreó en un balón policromado saltando sobre los baldosines de la cuadra y un gol capaz de romper cristales, tomaba el tomahawk y blandía temerario su arma mortal segando las lilas del florero y rompiéndose el recipiente y la bola de cristal, y el espejo y la bombilla, la luna y los ojos acuosos del monstruo, vencía rodeado de fragmentos la insoportable tiranía de los mayores, destruía el comedor, quemaba la casa, inundaba de pis el dormitorio y en su llanto incontenible de bebé asustado lograba, con la llegada presurosa de mamá que encendía la luz y dejaba postergado al padre dormido, la victoria definitiva.

*

Lluvias de abril
Y sombras que se esconden
Del sol naciente.

Abril al alba
En la tarde templada,
Viento de pólenes.

*

Primero fue la dilatada ausencia del aire, huecos de vacío
se ensanchaban en la atmósfera pasado el mediodía, el
espacio se expandía, calor irradiado por las amplias
superficies de las rocas graníticas, espeso, viscoso, sudores
de piel barnizaban el instante que vio llegar un viento
súbito, y la lejanía azul se fue cuajando en nubes de
sombra, remolinos súbitos de polvo y el violín desliza su
arco acercándose a la nota más aguda, en ese segundo
prolongado de opresión y la sensación inminente de algo
que se aproxima por el cielo, caballos de la apocalipsis, la
bóveda celeste trocada en gris plomizo iniciaba su caída
en ocasionales gotas, mientras en algún lugar se pre-
paraban las armas homicidas y se pasaba del adagio al
prestissimo en ese romperse el horizonte y diluviar desde
los altos cerros envolviendo en la lluvia que arreciaba
cuanto se conservaba del pasaje y del paisaje, relámpagos
para azotar la alameda, inminentes, atronadores truenos
tras la vecina loma y el furor del cielo machaca, martillo y
hoz, el hato de gavillas y las criaturas atenazadas bajo los
ululantes tejados sienten que llega la palabra de Dios,
fulminando toda duda y designando la omnipotencia de su
voluntad, lanza el rayo, epifanía terrible, sobre lo creado.

¿Se abrirá una puerta al futuro, tras esta aniquilación que nos devuelve a un nuevo claustro para volver a estremecernos en las oleadas del líquido amniótico y para volver a adquirir la conciencia de nosotros mismos, ese espejismo que se quiebra en la risa de los dioses, volveremos a ser otra vez seres alados, pero huérfanos, urge el encuentro, la salida, el término, la redención a través de una profunda negación que arranque de nosotros, género maldito, cuanto hubo de fratricida contra esta madre nutricia que nos acunó, Gaia, Madre Tierra, y otra vez ser la carne, los huesos, la ceniza, los gusanos, el pez y la paloma, la serpiente y el hombre, y de nuevo adentrarse en el oscuro laberinto donde se derrama nuestra suerte y se nos dona la Gracia.

Aquella criaturita que salió con la cara deformada era un regalo del Señor, tiritando, lloraba anhelando el paraíso perdido, y enseguida fue colocado sobre el pecho de su madre, exhausta y feliz, y junto a ellos, pero a una distancia infinita, el padre emocionado contempla el centro del mundo, oh, prodigio, es él y es otro, ese niñito rompe las ataduras de la inercia e impulsa la rueda de la vida, y con él brota otra vez el universo, acompasado corazón, piel con piel, la tibia respiración sobre el regazo, y un resurgir de la fuerza desde dentro, se levantan las nubes, sol en su zenit, disco de la consumación, florecimiento pleno del almendro y apertura del centro.

*

Pasos contados,
Las fieras enjauladas:
Indiferencia.

*

Parques urbanos
Donde también se abre
La primavera.

*

Cuenco lleno de arroz blanco, una piedra redonda, una cortina de lino, lluvia, ondas concéntricas en torno a un pez rojo, bambúes inclinados sobre el estanque, olor dulce a heno húmedo, puente de madera, arco sobre el agua, sauces llorones protegiendo el rincón, raíces asomando del musgo, no deseaba otra cosa, su voz entonaba una leyenda antigua tras el biombo, pudorosa, ocultó su rostro con el abanico, reflejos malvas del atardecer en sus ojos, soñaba el aliento amado sobre sus hombros desnudos y la fortaleza de sus manos descubriendo el tesoro. Afuera cantaban los chiquillos y una carreta renqueante traqueteaba sobre el camino de piedra, aunque dentro del jardín, dentro de ella, se abría la flor después de haber escampado la lluvia de sus ojos.

*

Junto a la orilla
Ven transcurrir el río.
Solo silencio.

Canica de cristal con su llama de fuego, canario en una jaula, tirachinas, mixtos, caja Alpino de lápices de colores, cromos de selvas tropicales, el león y el tabuti, manzanas envueltas en un barniz de caramelo rojo, palomitas de maíz, regaliz y palulú, y luego la paga semanal, la Pepsi-Cola, la primera corbata, las botas y los pantalones largos, la maquinilla de afeitar, el ajedrez, la natación y las primeras cañas de cerveza, el humo dulce de hash que no supe fumar, un reloj bueno, y los objetos adultos descarrilándose en el carrusel de caprichos incesantes y deseos creados, la sociedad que gira y gira consumiendo y consumiéndose, atizando los deseos, forzando los anhelos, produciendo y gastando, comprando, vendiendo, y el ídolo de la posesión y del poder chupándonos la sangre, y el hombre se olvida de que fue niño y de que su anhelo era salir corriendo del colegio, tirar la cartera y jugar a pídola con sus amigos, hacer murallas de barro para contener el reguero de agua que descendiendo en la calle empinada era generado por el portero que regaba la calle reseca y el patinillo, y aquel cantar que aún sigue sonando en mis oídos cuando estoy en la consulta "que aquí no llega", en los congresos, en los debates científicos, en las tertulias "la manga riega", cuando contemplo los cuadros expuestos en museos "si llegaría" y en los severos funerales por mis amigos muertos "me mojaría".

*

¿Luchar?

¿Por qué?

¿Para qué?

*

"Todo al rojo". En la gran sala enmoquetada se hizo el silencio y sólo comenzó a oírse la bola plateada que arrojara el croupier, dando vueltas y brincando en la periferia de la ruleta mientras, expectantes, los jugadores esbozaban su rictus favorito para conjurar la suerte. Fichas amontonadas sobre el tapete habían adoptado diversas posturas con predominio de dos grandes montones que una mano enguantada colocó sobre el icono rojo. Al disminuir la velocidad, la bola comenzó su descenso rozando sucesivamente distintos números hasta caer en el…

El final es irrelevante. En todo caso, permite imaginar posibles conclusiones:

A) La bola cae en negro, y la mujer sale corriendo de la sala y 50 segundos después suena un disparo.

B) Un hombre sonríe, la bola se deposita en un número rojo y acto seguido la baronesa le guiña un ojo y se retiran con discreción ambos a un reservado.

C) Los relojes del casino se detienen, pero la bola gira interminable y no es posible saber el resultado final, ya que tiende al infinito.

D) El joven elegante se muerde las uñas y comprende demasiado tarde que ha perdido toda su fortuna.

E) Un ratón cruza la sala, se dirige a la zona del black jack, mujeres de mediana edad chillan enloquecidas y, obedeciendo una orden inconsciente, el croupier se come la bola, mientras el malvado hipnotizador se oculta en el anonimato entre los ludópatas presentes.

*

Ayer vio la ciudad con nuevos ojos. La lluvia multiplicaba las múltiples luces de coches, semáforos y anuncios, reflejadas sobre el asfalto y en las carrocerías cromadas, terciopelo azul ultramar, salpicado de granates, y un vapor confortable envolvía el interior del autobús, ritmo urbano incesante de vehículos y peatones viviendo la noche, cuando el tiempo era amable y permitía el disfrute de los plácidos paseos instalados en un presente libre, ajenos a órdenes y urgencias, los noctámbulos eran multitud poblando bares y terrazas, tras la lluvia liviana y la calma que trae la conclusión del día.

*

Atados al lazo del infinito
Estaban hundidos en un pozo de alcohol
Y nubes de tabaco hervían sobre ellos.

*

En ocasiones la cristalización de moléculas inertes iniciaba un proceso complejo que en sucesivas fases se iba cargando de matices, combinaciones de sustancias, reacciones químicas catalizadas por compuestos impensables determinaban un ascenso en la creación del soporte material generador en una escalada sutil de un aliento de vida, latencia iniciada en un mínimo movimiento autónomo, la secuencia marcada por una rara necesidad y la mano del azar determinan la génesis orgánica, y en la cuna del cuerpo, mana como de luz el alma inmortal, salto infinito de lo concreto a lo profundo, lo lineal extravasado a red ilimitada, esos podían ser los parajes edénicos donde un día nos perdimos, filamentos helicoidales de una inmensa escalera que llega al cielo desde el averno, y los interminables cúmulos de vibraciones energéticas para terminar formando carne, labio, beso, aliento, esa secuencia que surge de la hondura y cruza nuestra presencia, y nosotros, ciegos, buscamos raíces, orígenes, causas y consecuencias, aunque el hecho está ahí, o fijado en la engañosa memoria, y las manos de los científicos tiemblan, y los poetas se equivocan de nuevo, lloran los místicos y la puerta candada no pudo abrirse, en confusión amalgaman caminos, funden metales, orquestan ríos, aunque aún hay caso, es posible la paz, nos lo indica un sol naciente y el cielo en los ojos de un niño que ríe.

*

Nos reflejamos
En un juego de espejos:
Miro sus ojos.

De continuo una voz interior le susurraba:
Todo es efímero, y también tus delirios.

¿Y entonces, esos brotes del granado
Que apuntan a un abril resplandeciente
Y la línea de sombra de tus ojos
Y el perfil engalanado de tus labios,
Y la lluvia de noche?

Bebamos de esa cierta finitud
Bailemos en el espacio blanco,
Brindemos en el eco del vacío,
Volemos a encontrarnos en lo vacuo,
Burlemos ese afán de impermanencia,

Puesto que esto es lo que hay,
Volvamos a escarbar en el presente
Excavar en la arena del yo mismo
Con las manos hallarse,
Con los ojos cerrados
Encontrarse detrás del Yo, que solo es una máscara
Y descubrirse en el todo
No por la vía de la fría razón
Vivirse

Sentirse

Serse

Ser.

*

Bullía la noche y él había perdido su papel. Vorágine urbana, la juventud en riada ocupaba las calles, con vasos y botellas, cantando, y en el frenesí de aquella escena se sentía confundido, esquivando vómitos y atronado de canciones a coro que el alcohol quebraba flotando sobre las paredes de la madrugada. Un cielo sin estrellas era la cúpula del caos, la incontenible algarabía de los fines de semana enlazando chicos y muchachas ebrios de diversión y transgrediendo las normas que la rutina tejía a lo largo de los días, orinando, los jóvenes marcaban su territorio y ocasionalmente una persiana se levantaba sobresaltada en el enjambre lúdico y descontrolado. Se escapaban notas discordantes y ritmos de batería por los muros de la discoteca, alguna sirena inoportuna con sus luces ambarinas de ambulancia, o los trazos azules de un coche policía cruzando el barrio, y él observaba desde la disyuntiva. ¿En dónde estaba realmente: en el chico borracho que tambaleándose agarra a una niña precozmente adulta, gritos, provocación de la vertiginosa fiebre que asciende de la noche, o era un anciano desvelado observando sin esperanza la repetición infinita de las transgresiones de la especie, golpe contra silencio, voz ante la violada noche del sueño, olímpico desdén envuelto en la endemoniada cadena de la acracia frente al contenido mirar de observador? Y todo ello sucedía para que se cumplieran las profecías y se cerrara el ciclo del destino, en la connivencia de los astros y bajo las directrices que diseñara un día de niebla sobre un mapa blanco el Hacedor.

*

Silogismo:

El hombre es la palabra

La palabra es irrelevante

Ergo el hombre es irrelevante.

El hombre percibe la realidad

El hombre es irrelevante

Ergo la realidad es irrelevante

*

Finalmente ella llegó a ser una gran mujer y escribió multitud de cuentos, de los que se expone uno a continuación. Una mujer escribía un cuento que trataba de una mujer que escribía un cuento que trataba de una mujer que escribía un cuento… (ad infinitum) … Cuando terminó, cerró el cuaderno y comprendió todo. Cuando terminó, cerró el cuaderno y comprendió todo. Cuando terminó, cerró el cuaderno y comprendió todo.

El hombre pide perdón a su hijo ya mayor por las historias alternativas de las cuales pudo haber sido protagonista y que no llegaron a cumplirse. Tal era el caso de un caracol surcando su huella plateada una tarde de sol, o bien una balanza oscila cuajada de monedas de bronce, o ensueños de remotas minas de topacio y jade, la leyenda improbable del pescador pescado, todo cuanto no llegó a contarle, y el tiempo asesino turbando la secuencia de hechos y girando demasiado deprisa en el tiovivo, era un pasado cargado de vivencias flotando, icebergs, en mares lejanos y el padre tomó a su hijo en brazos, se abría la puerta del jardín y salían al gran espacio de un oro en el aire, avanzaban juntos de la mano y quiso llevar al niño a un cuento que le narró cuando era muy joven, buscaron el paraje donde Amed el sobrino del camellero cuidaba los animales, pero no lo encontraron entre las adelfas y el mirto venerable abriéndose en la huerta de las monjas, siguieron en pos del niño árabe y del cuento escondido, recorrieron muchas leguas y volvieron sin lograr hallarlo. Finalmente optaron por escarbar en la memoria común. Quedaban residuos, rescoldos de un fuego junto al oasis cuajado de paz y palmeras. Indagaron y persiguieron las huellas de la caravana, alguna vez recordaron haber salido al zoco a recoger frutas o comida para los camellos, pero la noche se prestaba al sueño y el cansancio vencía al padre, de modo que un nuevo sopor les envolvió como un simún y se durmieron bajo las lonas ondulantes a resguardo de las

dunas, cuando la luna estaba en creciente y la sonrisa de
Fátima era una bendición que traía la paz al padre y al hijo.

*

Bajo un cielo acorazado azul metálico los poderosos
organizaban la disidencia. Elegían los títeres que
representarían el papel de revolucionarios en el anfiteatro
mundial. Les daban sus papeles, hinchados de soflamas
rupturistas y brotaban los claveles rojos en los jardines de
los asalariados, ignorantes de que una inmensa ópera les
convertía en actores engañados. Así surgieron manifes-
taciones guiadas, manifiestos redactados en los altos
despachos, fogatas que pretendían quemar una sociedad
caduca, pero solo era fuego de oropel, escenario flamígero
ornado de vehemencia, y si los puños se levantaban
airados, desde la sombra del bunker los dueños del mundo
contemplaban complacidos esta revolución sin uñas, este
ir y venir de una marea mansa, entretenimiento inocuo,
catarsis de los desesperanzados y movimiento inútil que
adornaba la ingente manipulación.

*

El vacío no era un hueco en una piedra, la nada negativa,
Más bien el aire que abraza las columnas en el ágora
Soñaron los dioses un espacio, regalo a los mortales
Y henchirse en esa aura, sentirse acariciado de un aliento,
Y adivinarse en aire, fiel cometa y mano generosa,

Desovilla, se ofrece esa sombra que nos lleva

Etérea,

Lo más nuestro, ajena a la materia mortal que nos retiene,

Pero supo el Hacedor hacer el aire de los átomos, dilatado, vacuo, hueco,

Vasto espacio en el espejo del espacio de los astros,

Y dejarnos flotando, leves,

Alusiones para ser

Aquello que nos lleva.

IV Promesa

Heredó de su padre el cuaderno de los deberes, pero también unos zapatos de su misma talla. Obligaciones vs. Libertad. Y pudo desear que ellos le llevasen por buenos caminos, y que se abriera para él un luminoso futuro. Ella soñaba en las noches lunadas y era azul cuando duerme el mar. En los tergiversados guiones de sus destinos había además borrones que dificultaban la secuencia en la lectura. Por tanto, eran libres ambos, rumbo borroso y fácil de alterar, gaviotas ilimitadas, miradas a un vuelo vertical, si la mañana se revelaba fértil el atardecer ronroneaba con la voz de la tierra húmeda. Plenitud, de la mano tomaron caracolas y tesoros, el terciopelo celeste y la plata de las estrellas, oro fundido solar y cobre para sus ritos iniciáticos, pues lo de ellos era la mutua presencia y resplandecerse ambos en esa solidez que da el eco de las presencias, avanzad, dormidos en la fronda de selvas antiguas, descansad ante mármoles sagrados, hollad esta vía sacra que recorren hormigas atareadas y buscad más allá de adjetivos y esfuerzos. Las normas se desarman, se abre la casa, humea el fuego en el hogar, hay luz, acunad a los pequeños en los que os eternizáis, pacificad las vides, brindad con copas y degustad, el vino, el néctar, el soma, la sangre de la vida, y que otros placeres se abran como espigas y que otras mañanas os saluden, rota toda cadena, confundida la red, la jaula abierta, y un dilatadísimo campo donde canta el jilguero, querían ser ellos en lo otro, la realidad augusta fulgía en los mínimos zócalos, se reencontraban de continuo y no fue preciso pronunciar las palabras, la tierra cantaba su canción, aromaban los astros, cauces de sabiduría anegaban los paisajes, confluían en comunión verdad, belleza y bondad, y ya solo dormirse enamorado y deshacerse para ser tu nada y reposar en cuanto hubo de ti que dejó un rastro en el camino del cielo más azul.

*

Carromato de madera, alfanje, actinia flor de agua, vía de la sangre, huella, barca solar, la página se pasa, nido, hacha y terciopelo, cristal de nieve, humo, libro cerrado, voz, rosa y espina, lo que hubo, lo que hay, lo que habrá, nos sobrevivirá la tierra, seremos el barro y la crátera, el silbo y el pan, persistir algo en cada cosa, libélula, curva del aire, acento, nota musical huérfana de partitura, manos abiertas, dejarse, sonrisa en los labios del justo, bajo los árboles, armonía de continuo, en la paz, manso, desanclado, ser...

*

Arbustos del abril tardío, cuajados de amarillo en las veredas, los días enredándose en las ramas recientes de los chopos, silba suave el viento de la sierra y cumbres de las últimas nevadas difuminadas en la vibración del horizonte, avanzaba con cuidado de sus pasos, no quería dañar la primavera, esa fragilidad de tiempo único, esa dicha de hallarse desanclada, raíz en el aire de la brisa, libélula en los piélagos del agua. Aquella era la imagen deseada, la fragancia de fresas en la sombra, galopes en umbrías arboledas, la nevada del polen en la orilla del río que vuelve y que les lleva, y luego de ser dos, volver a una presencia en la memoria y luego silencio en las palabras, y las hojas que pasan, en los libros, los árboles, en los ojos y en las sombras, de ese vértigo vertido hay una confusión de identidades y deseos, fatalmente huidos, escapados, por el cáliz del agua del cielo, la ebria intuición, la conclusión de razones vegetales y el barroso razonamiento del subsuelo, late un corazón de oscura presencia y hay ecos de todo en todo, ella lloró de felicidad al no encontrar palabras, también habían volado como alondras, fueron ambos un sino, acuario le daba de beber el agua de la noche, y sagitario apuntaba su flecha al centro del caos primigenio, herir al dragón y tomar a la princesa, disolución en el fulgor, ceniza de lo que antes fue una estela de fuegos artificiales replicados en el terror de los pájaros y los aullidos lastimosos de los perros, y esos timbales de guerra anuncian postreras paces sobre los asolados campos en los que se libra la batalla de amor.

*

Estaba encerrado en la jaula de las paradojas,

Pero acudió a salvarlo la certeza de la unicidad, que piadosamente le incluía.

Había una tormenta de adjetivos
Y detrás,
Áridos desiertos del mediodía,
Pacífica noche de estrellas sobre el mar,
La calma.

*

¿Y esa loca bravata, arenga de grumete, o cómo se puede denominar la orden del Dux desde su Bucentauro mandando azotar al mar, y en los momentos dulces, el gran señor de Venecia ordenando arrojar a las aguas dos anillos de oro y proclamando las bodas del mar con la Serenísima República?

*

Transcurría con misericordia el tiempo diluyendo los enojos, y aplacando esa íntima desolación de haber perdido lo más querido, era lento y doloroso el duelo, transcurría en parajes grises, convertía en otras sombras los apoyos íntimos y en ese detenimiento hasta el vacío, la sucesión de las agujas indicaba el largo y tortuoso camino hacia la paz consigo mismo, y el reencuentro más allá del dolor y de la vida, en un plano de sosiego, para recuperar en el aire de la conciencia la pureza de la recíproca entrega.

*

Amnesia, tijeras de plata.

*

En esas extrañas construcciones mentales, el pintor se pintaba a sí mismo en su cuadro y el escritor, como ante el espejo, iba sintiéndose preso en las letras que su mano trazaba. Y como si de una revuelta metafísica se tratara, en las notas musicales que el aire de la tarde esparcía estaban incluidas las moléculas del compositor que las concibió y del intérprete que ahora las actualizaba, ¡oh, prodigio de la creación artística!, que multiplica hacia el infinito los vínculos y las constelaciones, la sensibilidad vibraba en el universo construido y todas las personas rehacían su mundo, anónimas y creativas, cantores y canteros, operarios de la prosa y dueños de su sudor y su ilusión, se iba reconstruyendo el mundo entre las manos y lo que salía era algo bueno a los ojos del Señor.

*

Finalmente ella consiguió terminar su tesis. No obstante, continuó frecuentando la biblioteca, su segunda casa, en donde se refugiaba para apuntalar el mundo de su conocimiento y saciar su sed de sabiduría. Los días transcurrían monótonos, y costaba creer que sobre las nubes había un inmenso cielo azul, otoño crepuscular de sabores caducos y afectos amenazados. Cuando las frutas alcanzaban el esplendor de sus más refinadas mieles y el ojo quedaba deslumbrado ante la fastuosa gama de los tonos dorados y los brillos del último sol. Y la cálida biblioteca era un abrigo insustituible. Allí leyó en un reportaje algo acerca del tiro de gracia. Sorprendente giro, que vincula la mortal agresión al más elevado regalo de la divinidad. Definitivamente el lenguaje permitía estructuras aberrantes, plasmaba impulsos atávicos y dejaba huella de los esforzados intentos de la humanidad por encontrar la salida al caos.

*

Batido por la incesante brisa surgían agarradas a la duna ramas tenues de arbustos supervivientes, agitados frente al mar, invisibles casi, finos filamentos cimbreándose en una filmina de sal y cristal, hierbas de paso para los pies cansados, humilde vegetación que dulcifica los prolongados arenales, y por allí transcurrían sus paseos, un faro lejano esbozaba su silueta en el borde de la playa y la cualidad intemporal del terreno facilitaba una meditación que se desenvolvía a través del demorado paseo, livianas huellas de pies menudos construían una senda que las lenguas del mar borraban para dejar minúsculos hoyos de arena mojada, salpicados de cielo, y que aún hacían más frágiles los gritos entrecortados de gaviotas y el contorno denso que marcaba el aire. El mar era la imagen perfecta del universo, las olas el devenir, la arena el tejido impalpable de la realidad compuesto de granos minúsculos, y el faro, la bandada de gaviotas, el solitario barco pesquero y la duna, y ella, incluida en ese paisaje, en esa metáfora, meros accidentes, evocación de lo que transcurre en una jornada, en un eón, en un kalpa, en un milenio, o en un soplo, y luego la ceniza, el vapor, el olor de las algas y el brillo de la espuma, objetos en el límite entre lo real y lo imaginado, receptáculos de una materia y hueco para un espíritu, angustia ante una pérdida y la paz final de la liberación.

*

Debía darse prisa.

El mundo ardía por los cuatro costados

Y tenía que encontrar la fórmula.

Dormían su sueño de justicia los ángeles

Y en las esquinas yacían

En la quietud del silencio, postergadas, las trompetas del
    Apocalipsis.

*

Un niño cuando tenía seis años escribió su primera poesía.
    Se perdió, como todo se pierde.

El garabato icónico, bucle de lo inmaterial, transcurrido el tiempo, llegó de nuevo a él, y pudo comprender que de alguna manera se había identificado con el pequeño animal desde siempre, se había apoderado de su imagen y lo había elegido como símbolo. Y cuando llegó el momento oportuno, para cerrar el círculo, organizó un hueco en sus escritos e introdujo lo que recordaba del pequeño poema de donde había obtenido el hallazgo que forjó su identidad.

*

En ese mundo virtual de las imágenes, parábolas y símbolos flotantes, él, ella, espigaba, espigaban ocasionales descubrimientos, y los signos se solapaban inicialmente con los objetos mundanos y las cosas de su entorno, para desmaterializarse, flotando primero en las palabras, desencarnándose a meras visiones borrosas, símbolos etéreos configurando una red de redes donde ella era la domadora dentro de una jaula de fieras desobedientes, él, aprendiz de brujo para quien los hechos se tuercen contra su inmadura voluntad, pitonisa incierta bajo el inesperado universo mental, dejaba su mente volar en el viento, o bien al cerrar los ojos claudicaba de todo lo concreto para quedarse fatalmente enamorada del mundo ideal, y así, cultivaba un voluntario delirio al desanclarse de las coordenadas que la rutina impone a los vivientes y se extraviaba por sus propios caminos. De modo que cuando se aventuró en los parajes de la meditación, ella, él, cuantos iniciados eligieron dejar caer la venda que cubría sus ojos, observó, observaron cómo se tambaleaban sus espejismos, cuan frágiles eran sus perspectivas y pudieron abandonar la nave de los locos.

Así era posible detener ese rumiar insensato de cuánto de tortuoso oprimía el alma, ya que el foco de atención, demasiado torturado por fantasías inoperantes y otrora anclado en un paisaje mórbido, apuntaba a una respiración rítmica acorde con latidos antiguos de la tierra, el dolor de los deseos insatisfechos se apagaba, rescoldo de amores heridos o locura del soberbio orgullo pretendiendo doblegar el mundo para satisfacer un yo taimado, mas la fuerza mantenida de un cuerpo físico en armonía lograba primero atenuar para después borrar tanta vanidad y tanto sentimiento superfluo, entraba el aire de vida y la percepción se volvía sentido material, cuerpo, carne y sangre en un nuevo gozo, en un nuevo descubrimiento indagando en la desnuda realidad de la que formaban parte, mientras que los productos artificiosos, anhelos, castillos del pasado y construcciones mentales del futuro se desmoronaban sobre sus inestables cimientos asentados en ese mismo aire que penetraba por la nariz recorriendo los distintos órganos hasta llegar a los finísimos alveolos pulmonares y lograr un milagro cotidiano pero ciertamente real del generoso intercambio de los gases de la vida y mientras tanto, las ideas, ilusiones, deseos, temores, los torbellinos obsesivos y águilas y gavilanes, terrores y culpas, huían para otro cielo menos clemente y la meditación lograba adentrarse en la realidad del momento presente, en la fiesta de la paz en el aquí y en el ahora.

*

Tañidos de campana
En la memoria
De tiempos idos.

*

Y era su corazón un centro, latía imperturbable, rodeado de ondas, así acariciaba las habitaciones familiares y esa clara presencia de rostros dormidos, queridos, en el sueño de una confianza que mece la realidad bajo su cielo de paz, y la irradiación de sus latidos se expandía benéfica más allá de las paredes y de los edificios amigables que conformaban su barrio, un pacto de serenidad constituía un todo vibrante, expandiéndose a los confines de la ciudad que le acogía y a sus arboledas y parques, ondas dilatándose y llevando latidos inmersos en otro ritmo superpuesto de llanos, sierras y montañas, vibraciones en los cauces de fuentes y ríos, no podían las artificiales fronteras de los hombres detener lo imparable, se revelaba la realidad en una secuencia de carne abierta a lo creado, al mundo de todo lo posible, a la bondad de la madre Tierra, círculos ensanchándose en anhelos de infinitud dejándose guiar por una armonía de astros, oh, corazón expandiéndose más allá de las tinieblas y de las luces aurorales, enlazando astros, a la deriva de la magna vía Láctea, el generoso desbordar de una energía nutricia que hace manar galaxias y genera el milagro de hallar el centro en todo, en esta realidad inconmensurable, en las traza de la mínima partícula subatómica que subyuga a los científicos y en este querido corazón de multiversos que nos hermana a todos.

*

Vaso cristalino colmado de almíbar, el cajón donde se alojaba un caleidoscopio, figuritas de plástico de indios y

70

americanos, canicas multicolores, un tren de hojalata y dos marionetas con sus hilos enredados, y en frente, la vara en las manos crueles de un profesor, alguna tarde castigado, zapatos nuevos mordiendo los pies, la lección no sabida, el miedo de la noche, la tarima y un aire saturado de polvo de tiza… en su mundo arcaico los poderes supraterrenos se organizaban para la gran colisión, la batalla definitiva. Y él, árbitro de la contienda, se erigía supremo juez e inclinaba la batalla, inmisericorde, para destruir todos los oprobios y aplastar a los malditos. Quién le dijera que con el curso de acontecimientos venideros aparecerían las primeras fisuras en su monolítica convicción, que vería brillos malignos en los ojos de sus marionetas y un ademán apacible tras la severidad de sus mayores, que del lago de barro brotaban lotos y brillos acerados en la piel amada, la paradoja disolvía su certeza y remolinos de confusión traían un sabor agridulce al paladar de su conciencia. Todo eso era una sospecha y fatalmente ocurrió como rebelión al acercarse a la frontera cuando se deja de ser niño.

*

Hora del mediodía. Las sombras se escondían, en el aire ingrávido podían dibujarse irisaciones solares. Ojos sedientos imaginando oasis, bajo las lonas protectoras resbalaba el ardor y un silencio solemne indicaba la ausencia de las almas. En lo más recóndito de las montañas germinaban de las manos encallecidas milagrosas joyas, torques, colgantes, pendientes y brazaletes para la recién casada y podían llegar de un eco imaginado gritos de gozo y aparecer la novia engalanada, de las colinas, entregada al muchacho, felices, con el cielo en sus ojos y lentos palmerales ungidos de nobleza, y el beso de los dátiles, y la fiesta de la miel arrebujando los austeros frutos secos excavados, buscados en la intención de obtener milagrosas recetas de cocinas arcaicas, así eran las fiestas de su tierra natal, cuajadas de inverosímiles pasos al vértigo de lo numinoso, ofrendas que nacían de la oscura tierra, del rojo poniente, del sol áureo que ciega las pupilas, avanzaban los profetas de barbas venerables, silbaba el repentino viento, arena en el aire, se encrespaba el jardín de Alá, el callado desierto indicaba una senda imposible, auguraban lejanos brillos otras estrellas, de las casas de adobe surgían niñitos de ojos almendrados, cascabeles, pandero, ancianas embozadas en su añil y un camellero rompiendo el perfil de la colina, y luego tantas cosas que se fueron disolviendo, o quedaron encerradas en los álbumes de fotos, pero quedó latiendo la mirada de los jóvenes que observaban risueños la inocencia torpe de tantos turistas de piel blanca incapaces de ser amigos de su tierra.

*

El parque del Oeste se pobló de ramas tiernas que cizallaban el aire y un tapizado de flores amarillas envolvía laderas y bordeaba los senderos, primavera amaestrada que hechiza a jóvenes enamorados, paseantes con perro y algún lector confundido en el libro que se quedó dormido dentro de su historia. Y se vio envuelto en palabras inverosímiles, que en su extraña secuencia desafiaban toda ortodoxia. Látigo, espada, canela, jarcia, amaranto, fulge un sol raro, destila miel la vida, cadalso de sombra ocre, libélula, ancla, sargazo, disparo, almohada, aliento, borde de la noche, agarrados de la mano en la alameda, manantial, me veo en ti, volar, lo imparable, lo imposible, la misma travesía, el mismo cierzo, vía láctea, amanecer, rocío, humedad sobre la hierba frutal, sombras verdosas bajo mi cuerpo, me muevo, pasos sobre la arena, caminantes, la tertulia vespertina, me incorporo, tomo el libro, vuelvo al camino de salida.

Volvía a aquel viaje a recuperar lo que quedó allí alojado entre las paredes blancas y la brisa preñada de nubes que lamía la ciudad. Si en alguna ocasión depositó tesoros mínimos enterrados en la arena y sus amiguitos fueron los cómplices de la aventura, pala de plástico y rastrillo amarillo y cubo azul, los años le hicieron más escéptico, aunque un poso de magia convertía en secretos muchos paisajes y momentos frágiles, así que los barrios descarnados y la lepra mordiendo las paredes terrosas, un olor a fado y a salitre, el profundo atardecer de Lisboa, aquel mar que inundaba la vieja ciudad de nostalgia y detenía su tiempo, enmohecía sus estatuas y poblaba de gaviotas sus cielos añiles, era también el nuevo escenario de un tesoro impalpable, si el oro en Venecia flota en la laguna y el sol inunda las plácidas islas, aquí el océano silbaba entre las rendijas y volvía la niñez, el asombro y el temor, opresivas brumas a caballo del viento borraban súbitas las calles y plazuelas, resonaban los pasos en las inclinadas callejas de piedras brillantes y los primeros faroles anunciaban el tránsito a la noche, que era por definición, oracular, portadora de augurios y quizá las sombras de los normandos muertos y transmutados en héroes gobernaban imaginarias naves deslizándose en la línea donde muere el horizonte y se pierde la tierra.

*

Sus ojos sagaces se ocultaban tras los gruesos vidrios de sus gafas. Reservada y certera, adoptaba un aire de esfinge, elegante en su confortable sillón, salían a escena los incontables horrores de la infancia, los deseos más anhelados se hacían presentes en esta habitación tapizada de sedas y una refinada decoración servía de marco para la catarsis colectiva. Las metamorfosis del mundo incluían sorpresas inesperadas, ante los hieráticos ojos de la terapeuta, desfilaban en aquel pequeño círculo de iniciados la viscosa sed de sangre y el irrefrenable eros buscando objetos para su codicioso amor, la prudencia se trocaba exasperado lamento, risas nerviosas y en los intervalos de la batalla, alianzas y afectos vinculantes, la seducción se extendía formando redes, estrellas, alternando amores y odios, simultáneos en ocasiones, paredes y tabúes refrenando el núcleo central incandescente donde los demonios se refugiaban en lo que sesudos ideólogos acordaron designar como inconsciente, y los ángeles sublimados tocaban sus cítaras trayendo la paz en armónicos acordes, pero la psicoanalista despreciaba las visiones y ellos eran transparentes, aunque podían dulcificar la tensión de la escena. Rodaban por el suelo de tarima alfombrada amorcillos burlones pinchando con sus flechas la carne y tribunales de inquisición se reflejaban en el espejo de Bohemia, aunque seguían siendo ellos, se podían desdoblar en un pelotón de ejecución, o en una banda de asesinos, alguien lloraba, levemente el rictus de la señora devenía amabilidad y manaba del corazón un torrente salvaje de dolor y soledad, conmoviendo al grupo que cual actinia ante el súbito oleaje, recoge sus tentáculos y al encogerse queda protegido el miembro herido, o cierva amorosa lamiendo al cervatillo tras el fuego asolador que devasta este monte, la cadena rodaba, la rueda giraba y de nuevo surgía la ilusión de ganar, de avanzar unidos a la madre generatriz de dicha, y de nuevo una última herida narcisística cuando suena un reloj y la voz pronuncia: "hemos terminado por hoy".

*

Sobre la tumba,

Los crisantemos blancos.

Buda de jade.

*

Observaba con detenimiento sus manos, de afilados dedos. Estaba envuelta en pensamientos intrascendentes, y al observar un latido mínimo bajo la piel, los vasos sanguíneos, acequias subterráneas irrigando el dorso de ambas manos, donde ya se adivinaban las primeras arrugas y el relieve de las venas, meandros de su piel antaño pálida y pulida, fue bajando a lo concreto, y tuvo una sensación de algo que estaba por aflorar en su conciencia. Ahora comenzaba a percibir una imagen confusa, un desdoblamiento, la posibilidad de que alguien ocupara su cuerpo y guiase con órdenes precisas esos dedos que flotaban en el aire de su cuarto, en la ventana que daba al patio el cristal presentaba una borrosa imagen de sí misma, que no quiso advertir, pues temía encontrarse con el otro, lo que hubiera dentro, y ese quebrarse de la individualidad, ese caer del yo desde lo alto de su pedestal resolvía problemas para crear otros, en concreto, la incertidumbre, que, atroz como la tarde, se filtraba ya desde el callejón. ¿Y quién podría ser ese parásito que ya asaltaba su cerebro, se cebaba en ella, parasitaba su sangre y tomaba prestado su cerebro para jugar con las emociones y llevar a conclusiones inauditas a la hasta entonces fiable corteza cerebral? No obstante, el calor sonrojó su piel, debía acicalarse y parecer bonita para saludar al intruso, por fin se puso en pie y acudió al espejo de cuerpo entero que en el ángulo del dormitorio le reflejó una imagen increíble. Ya para entonces el cuarto ardía y al prenderse el edredón se dejó caer voluptuosa en la amplia cama, sus manos se crisparon y lo último que quedó de ella fue su sonrisa satánica.

Pero en ese rapto de la cordura ella nunca llegó a saber que sus fieles manos habían regado con gasolina el aposento, que, ida en pensamientos fantasiosos prendió una cerilla y que aquellas luminarias del firmamento que venían a llevársela eran como el carro de fuego de los profetas... había dejado un cuaderno de notas escritas y sobre su mesa de trabajo permanecía abierto un libro de tapas negras, y desconocía al autor (era Lao-Tse) que pronunció estas palabras que difundieron sus discípulos: "la mejor revelación es el sosiego". Pero el libro también fue pasto de las llamas, como el cuaderno, el dormitorio, la casa, el barrio, la ciudad, la nación y la tierra, ardían los astros, nuevas estrellas, surcaban nuevos carros ígneos arrebatando profetas, la cimitarra del sabio hendía el universo, y en la otra versión de paz, las diosas madres otorgaban la armonía a las esferas, contenían el furor, donaban su leche nutricia para purificar los símbolos, elevaban el sentimiento a la categoría de entrega y en su omnipotencia dejaban a los niños jugar en sueños imaginando escenas imposibles.

*

Corazón que llama al puñal de obsidiana,

La araña en su tela suspendida del cielo,

Los niños que no supieron leer la guerra,

Catedrático fallecido bajo el peso de su saber,

Cerezos florecidos de Hiroshima,

Dama de hierro oxidada,

Color de miel en los cuerpos desnudos que baña el Ganges,

La cruz en la empuñadura de la espada,

El llanto incontenible tras la libación de alcohol,

Nubes,

El oriente es rojo y una cometa nada en el éter,

Las huellas en la gruta de las primeras manos,

La rueda de la vida,

Sargazos en la vía del agua,

Camino de las estrellas,

Con supremo desdén las hormigas cruzan una frontera,

Llanto de una niña,

Ulula el búho,

Se abren las rosas del abril tardío,

Ellos se pasean de la mano,

Hay varias maneras de vivir,

Carbunco, diamante, pan reciente salido del horno,

Olor a hierbabuena después de la batalla,

Para vivir en ti,

Abrigo, cueva, piel, ensueño del adicto, dosel, adormidera,
    amor, amor, amor.

V   Sueño

Soñaban con los ojos abiertos, aborígenes enredados en su raíz innúmera, sacralizados en la realeza de sus orígenes, arropados en la madre Tierra, virginales, la inocencia de los pájaros del cielo trazaba espirales de colibrí en sus pieles, eran bastones de mando los falos de piedra erigidos para marcar el centro del mundo, abismales distancias cronológicas confluían en las redes mentales, resonancia de arcaicos indicios, huesos de reno en el helado norte, excavados en la corteza, punteados, espirales del vértigo y del logro tras la caza fecunda, rito de la sangre nueva, hoguera para oscurecer aún más la penumbra en las oquedades, temblando juntos, jubilosos tras la hazaña, miles de años después serían esquimales, tasmanos, hombres y mujeres que horadaron la historia, provenientes de innombrables tótems, cruzaban la estepa y se escurrían en kayak sobre los hielos, dejaban huellas mudables, todo era cambio, premura y gozo, cantar en las noches de luna, aliento común bajo la bruma en las praderas, ronco acento de lobos, el hechicero runrunea su conjuro y las viejas signan a los adolescentes, espesa sangre, maná de vida, cauce para un torrente de gloria, luego vendrían en lunas remotas ingentes generaciones de pobres humanos, saturados de técnica y abandonados de la Gracia.

Pero más cerca, aquí, estaba la realidad, era indiferente abrir los ojos en la noche negra, bajo el tibio edredón, se deshacían fantasías y las ideas, pájaros mansos, descendían a picar migas en mis manos, mis manos posadas en relajación, cuando la prisa se evaporó al borrarse el reloj, en esta penumbra cuajada de sosiego, podía figurarme avanzando al interior de un templo, mas la idea se volvía aire, se esfumaba en el latido suave de un corazón tranquilo, ese pulso que irradiaba sobre la piel un ritmo mantenido, y el silencio se poblaba de leves sonidos, predominaba el intermitente bombeo de la sangre aportando una presencia benéfica, mínimo roce de las sábanas, algún vehículo cruza en la noche, se cierra una persiana, silencio tejido de mínimos ruidos, el crujir de una madera, algún vecino arrastrando los pies, leve sirena distanciándose en su amortiguado itinerario sonoro, susurros, es el aire bondadoso que me impregna, templado, manso, y el sonido juega con el silencio tejiendo una trama donde se encuentra una manifestación del presente, del aquí y del ahora, y si una imagen vuelve a brotar, disparatada, el latido la ablanda, la reduce, la disuelve, se vuelve a ese oscuro estar en la armonía, a ese ser total que deshace mi yo y me devuelve a la indivisa Realidad.

Y sentía una profunda pena porque había visto en la mujer que dialogaba con él lágrimas en sus ojos, y si era o no cierto, un ave de negro plumaje, descendía sobre su nido, la culpa, y sintió una profunda ternura, más allá de todo deseo de reparación, porque los días venían crecidos, era brava la mar, el cierzo traía cristales de nieve, los árboles secos y el rescoldo apagado, de modo que otorgó la bendición de su compasión para que dos corazones vibrasen al unísono, y aunque ella estaba en frente, estaba también dentro, en él, y si la lluvia volvía a anegar valles y montañas, si marzo renacía, si eran posibles nuevas ciudades y amar en los parajes antiguos, volvía el solícito afán de comprensión, banderas de paz desplegaban su vuelo en una conversación que carecía de palabras. Él era todos los hombres, y todas las mujeres ella.

Noche que la lluvia engalanaba con reflejos dorados, gotas brillantes en un intervalo mínimo entre el aire tibio y la baranda del hotel. Detrás de los cristales se demoraba el exquisito placer de la conversación de los viejos amigos, hundidos en sillones tapizados de una piel negra bordeada en sus aristas por un perfil de madera de palisandro. Las copas de cocktail vacías, un confortable tiempo evocado en las arañas de cristal, las luengas cortinas de terciopelo ocre y columnas adosadas en los bordes de la estancia, esa prolongación de una tertulia era la vieja estampa en que eran protagonistas nuestros mayores, aunque ahora, en compañía de mujeres inteligentes y hermosas el destino giraba y abría un escenario cambiante, a pesar de la fijeza de las estatuas, de la gran cúpula ornamentada hasta el exceso, de los faros resaltando esa estética urbana de gran ciudad cosmopolita, en el corazón mismo de la noche, perfume de bebidas coloreadas, y un aire zen flotando insólito sobre el ambiente decadente, generoso en esa síntesis de contrarios y en esa permisividad gozosa que evita toda prohibición y rehúye obligaciones, compañeras de estancia y cómplices en el camino, se extendía blando el humo de sus labios en esa retirada hacia la Gran Vía lluviosa, y cómo la sobremesa, figurillas de plata ornaban su presencia, y las mesillas y butacas se prolongaban remedando un efecto visual de profundidad, de eco arquitectónico bruñido en un color indefinible que pudiera virar de gris a un marrón difuminado, y hablarán de haber vivido otra vez así, que sólo hay el presente, y que éste muere y nace, ceniza y humo que besaron otros labios, y brillos de otras lámparas para los mismos recintos en fiestas de tul y brillantina, aunque ahora, sosegados, se dejan llevar a esa celebración en la que queda resumida nuestra vida.

Aquella sirena aullaba en las aristas de la noche, era tal vez el asfalto más duro, como de piedra caíamos sobre nuestra inconsistencia, alguna algarada callejera, telones publicitarios minimizándonos en la epidermis de la gran urbe, oh, desolación de sabor a humo de pistola, lluvia esparciendo su vacío de plazas y trazos de neón abrillantando las fachadas alineándose, decorados de una función mediocre, como si flores de plástico adornaran una sala mal iluminada y un regusto a humedad despertara el escalofrío en nuestro cuello.

¿Cómo era posible esa sucesión de tormentas y calma? Se impacientaba el cielo, nubes preñadas hacían su aparición, primero agazapadas, poco después un viento súbito encrespaba los ánimos enervados de sol y un aire espeso cuajaba la densa atmósfera agitada de álamos y empezaba la danza del viento en torbellinos aromados de ozono, las hojas levantadas, volar de los calmos trazos de un guion previsible, descarrilarse la vía y sucesivas gotas mojan de una brusca irrupción de lágrimas e ira, truenos y terremoto de ideas agitadas, brillantes en relámpagos y un borde de ceguera al deslumbrar la raíz eléctrica que se vuelve a perder en las nubes plomadas, y vértigo, y rotura, y se parte la tierra, y cruje lo creado y si huye el sosiego a otra paz intangible, ahora sólo hay las ramas desgajadas, el eco del estrépito, cristales asustados, la huella y el humo, el torrente arrasando y el barro disolviéndose, pero luego volvía la noche, desdibujaba el cielo amenazante, traía el brillo de las constelaciones y las horas seguían dulces en el reloj recordando la vida, y la niña aplicada torcía la cabeza esmerándose en perfilar las letras de su redacción, y fuera volvía la naturaleza a ordenarse y si alguna vez hubo un destino, tomaba de nuevo su timón y orientaba la nave para marcar el rumbo que indican las estrellas.

*

De aquel pasado mítico aún llovían cenizas, lo que se hundió irreparable bajo lava fluyente, pudo haber sido niño eternamente, o dejarse flotar en el almíbar del gozo inexpresado, restos de una nave antigua, huesos varados en la arena cuajada de piedras blancas, la muerte, o el dolor de la ausencia, hueco en el cielo gris de tempestades, si vagaban gaviotas como vuelan sus gritos, era incesante el mar y el hastío duras rocas quebrando la espuma, mínimo, desanclado, ignorado en el turbión de la existencia, apagaban los credos sus brillos y no había sol para tanta desgracia, si acaso refugiarse en la nada, ser menos, filo, umbral, borde en el aire sin peso, cuerpo sin la sombra necesaria, capricho, balbuceo, las últimas burbujas del ahogado, superficie ya rasa de un agua ciega, lo que hay después del gris, ese cerrar los ojos, apostarse en la esquina del sí mismo, excluido del juego, ajeno a la palabra, solo.

Una tarde soleada, paseando por un barrio del casco antiguo, se adentró en una calle cuyos edificios, por la sombra debida a la estrechez del itinerario, mostraban fachadas del Madrid galdosiano, y ello le llevó a retrotraerse a otros espacios que él no había vivido, pero sí leído, que es otra manera de habitar el mundo, y en su demorado pasear reparó en los grandes portalones de algunas casas, ahora aprovechados para acceso a tiendas y talleres. Si pensaba en algo que debía encontrarse o si se trató de una aparición súbita, eso ya no podía saberse, y el recuerdo se perdía en la distancia de los años transcurridos como en la extrañeza que otorga la soledad a los viandantes que deambulan sin destino definido. Balcones estrechos, tiestos modestos volcando al hueco de la calle helechos o esparragueras, algunas flores aún luminosas, aunque humildes, otorgaban una pincelada de alegría al ocre telón de las viejas viviendas. A veces la memoria se equivoca y penetran en ella otros personajes y diversos objetos que confunden la realidad y le otorgan un aura de ficción por lo mágico o lo inverosímil del tema evocado. Lo cierto es que el paseante se detuvo atraído en el umbral de lo que parecía una tienda de tapices. Y aquí llega el momento de la epifanía: una mujer joven, pero de expresión intemporal, vestida con un traje de lana verde oscura se acercó a la puerta y le hizo un ademán. Aquella aparición colmó un deseo oculto y se acercó al interior, avanzó con prudencia hacia la penumbra y vislumbró más que vio una sala grande y oscura con varios telares de distinto tamaño, y sombras a su lado, así como tapices colgados en las paredes, que la débil luz lograba bruñir por paradoja para resaltar su cualidad de enigmáticas obras de arte de otro tiempo, en aquella atmósfera vibrante de polvo de oro debido a la reverberación de las fachadas irradiando la escasa luz de la tarde y al filtro de amplios ventanales velados por visillos protectores frente a la irrupción de posibles miradas desde el exterior. A todo esto, el antes caminante y ahora observador contemplaba ese reino de señoras, damas, altivas mujeres prerrafaelistas envueltas en sus luengos ropajes y dejando caer con indolencia sus cabellos pelirrojos y rizados, la expresión de dulzura contenida en aquellos semblantes, mujeres tejiendo o moviéndose en la escena con delicadeza, parcas hilando los destinos del hombre, y transcurrido un periodo que no supo determinar, declinó la tarde, se sospechó intruso, imaginó que aquello que vivía era un deseo, un artificio, una figura tejida en la urdimbre por las manos pálidas de aquellas diosas, que lo que suponía su más interna identidad consistía simplemente en hilos de colores arrojados al vaivén de la lanzadera y siempre sometido al destino encarnado en la sibila y en la tijera que, inescrutable blandía en su mano.

*

Arena blanca
Que un rastrillo moldea
Entre las rocas
Y un tronco retorcido:
El universo

*

Era posible el mar. Creía así ahondar en una presencia mítica, hundirse en la totalidad sagrada de las aguas, y ecos de antiguas creencias aún resonaban en la resaca, Poseidón airado, agitado de espumas, caballos marinos más pequeños en la dulzura de un fondo turquesa, las apacibles sirenas que hacían torcer la nave, gustaba de mirar fijamente, y la brisa ponía lágrimas en sus ojos, pensaba oír llamadas de su tierra lejana, allende la montaña marina, en otros montes borrados en la niebla, sí, era posible el mar, y atraía vida en su murmullo, ondinas de las aguas calmadas, bajamar amigable y un espejo de arena, burbujas, perlas efímeras, trazos sobre la arena mudable, besada de las olas, así se deshacía el tiempo de las cosas y la repetición incesante engendraba otro modo de ver, un entorno esencial arañado de curvas y de vuelos, gritado y sofocado de nubes, las aves plateadas se encenizan, claroscuro persistente de la primera infancia del paisaje esencial fundido en el salino aliento, la presencia de los antiguos héroes, y la frágil soledad del hombre roto.

*

...quedó la bala suspendida en el aire. Un instante antes, alguien oprimió el gatillo. Una incoherencia de la vida. Un absurdo. Probablemente era cierto. Y sin embargo, iba a matar a lo que le era más querido. Aún antes había contemplado en el vértigo de un momento confuso un hecho irreparable. Abrazada a un extraño. Entre los visillos, reflejada en la gran luna del armario. Abierto. Risas ahogadas y dos copas de vino en la mesilla de noche. Abril, enojoso abril de las flores embriagantes, del resol y el cielo repulsivo de un desordenado desbordarse, del polen cegador y de la náusea al regresar a casa, y luego fue el quedarse detenido, estatua en un día sin futuro y en un mundo sin sentido. Ella. Allí. Se retiró asustado, incrédulo, y no había suelo para sus pies hundidos, y quería echar a correr y no podía, y águilas exigían sangre. Volvía el recuerdo ahora deforme en risas y burlas, la humillación era una bruma espesa, opresora, y todo se había venido abajo, una burda jugada de ajedrez para perder la dama, polillas en su dormitorio, naftalina en el traje de amortajar, para dolerle volvían sus labios y su piel, y su cuerpo pleno y lo que acababa de perder ya para siempre, y entonces, volvió a ser un niño asustado, el ejército de soldaditos derrotado por los suelos del pasillo, cogió el revólver del sheriff y lo cargó de pistones, detente forajido, y avanzaba con el arma y con su pena golpeado de paredes incesantes, y la tarde se había parado y una floración exangüe volvía lívido el jardincito de la entrada, volvía a él el lento humo que exhalaban esos labios aromados de tabaco y carmín, avanzaba la mano extendida ante el destino, y no quería hacerlo, el metal era suave, acariciaba su dedo la frágil pieza que comenzó a desplazarse en la tarde ya cuajada de duelo, le pareció que algo detonaba en su sueño y …

*

¿Qué había detrás de todas las cosas, de cuanto ocupaba su vida? Temía afrontar la respuesta, y se refugiaba en tratados de teología, en complejos cálculos astronómicos, en el vértigo de los microcosmos submoleculares, como pozos invertidos desembocando en un reflejo de cielo negro. Cuando terminó de releer el "Tratado de la inutilidad del arte" comenzó a comprender algo. Quien habla no sabe. Quien sabe no habla. Quien escribe miente. Si todos los esfuerzos del conocimiento eran caminos estériles en un mapa extraño, o tan solo divagaciones para momentos leves, tan solo palabras, como ante un momento de espanto la reacción natural oscila entre la huida, la parálisis defensiva y el afrontamiento, el alma solicitaba del mismo modo volar a otras esferas, y si eso era ceguera, inhibirse en la no-acción, o por último, enfrentarse a la nada, en su más profunda dimensión, pero, fantasías que engendran fantasías, seguía presa en el círculo estéril de las palabras. Reservaba para su pensamiento un grado más sutil de razón. No obstante, aldabonazo, otra realidad externa se hizo notar en látigo, bombas, granizo y terremoto, la destrucción enraizaba en el corazón humano, o tal vez, hermana del destino, avivaba su rescoldo para la inminencia de una devastación mayor, el mal tal vez existía y se hacía presente, y aún más cerca, el control de la mente con armas sofisticadas. Tal vez se hacía necesario volver a las catacumbas, a los monasterios, incluso a las islas del tóxico alucinógeno como a la paz de los campos. O el mal es la ignorancia. No ver, no escuchar, no hablar.

*

El Oriente era rojo, el vil metal estrangulaba los sueños de Occidente, en la sabana auroral África despertaba, inmensos continentes, meras islas en una gota de agua, arcoíris luciente sobre la gran catarata, en un copo de nieve dormitaba Atlántida, un sueño cercaba el edén, tan pegado a la piel, tan suspirado, ella volvía a una intuición de infancia, detrás está la puerta, hay salvación, siguiendo los pasos del Bondadoso, dejarse estar, dejarse ser, lo demás, oropel, fragmentos de un fuego de artificio, cenizas, bengala ya apagada, humo y nube, y a modo de inminencia la Voz estaba en su interior, para traerle paz, el regalo de la Gracia y una resurrección , todo se había consumado, y todo volvía a nacer, febril percepción tras la dura batalla, luchaba para encontrar el centro, derivaba otra vez el paisaje en arenas movedizas, dunas, meandros, la vertiginosa tierra, flores del fuego abrían nuevas vías a la aniquilación, la cadena o la nada, el hastío de pervivir o la luz de un cenit sin sombra y así resurgía la duda y volvían las promesas de sendas inciertas, y ángeles caídos, y zócalos de niebla, umbrales y ágora, vueltas a un pozo en el centro de un claustro y esa serpiente de dromedarios reptando en el borde de todos los desiertos, alacrán y loto, pólvora y jazmín.

Extrañas alianzas, ayer víctimas y hoy verdugos, "ni Dios ni amos" escrito en los muros de la gran metrópoli y el sindicalista se ajusta la corbata, nervioso antes de la recepción. Pasarelas mediáticas, uniforme adecuado para la gran difusión audiovisual, repasando el catálogo de normas, el prócer, meritorio gran hombre que surgió del pueblo, escamotea su reloj de oro y sonríe manso a las cámaras, nada de definiciones comprometidas, aplazar los proyectos, generalidades, que si obtuvo un gran respaldo, que si a partir de ahora... y los mármoles del edificio siguen impenetrables para la horda popular, van cayendo las pobres gentes pero se esconde ello bajo la tupida alfombra del triunfalismo, babeaba el político populista en arengas, inflamado de sí mismo y arropado en una blanda capa de ignorancia, amplia, extensa, convenientemente anestesiada, la gente era pueblo y no sabía leer leyes, dictadas en el idioma del oro, inmensas pirámides de opulencia poseídas por hombres anónimos, todo-poderosos, guiando pastores, tirando de los hilos, y en el teatrillo congresil, marionetas de oropel representaban la función, aplausos enlatados y parabienes de los bienpensantes, circo, pan y una plebe deseosa de balón y cantares, y las canteras juveniles embriagadas en las aceras o intoxicadas en los escaparates, los sepulcros blanqueados apalancados en sus palacios arzobispales, la corona tambaleante en la danza del vil metal, intelectuales aletargados con la adicción a su sapiencia, titiriteros de perro y flauta como último recurso para salvar a la princesa. Fue escrito en los tiempo del gran Ramsés, se meditaba acerca de ello en las llanuras del Indo, viejos sabios en la acrópolis llegaron a esa misma certeza, ese pesimismo que floreció en el cambio de milenio cuando la caótica edad media se hundía en la complejidad de sus prohibiciones, volvía de nuevo para asolar el pensamiento de los humanistas y ahora, en la actualidad, en esta inmediatez que es el momento presente, parece cierto que coexiste con nosotros la otra parte del mundo, la penumbra y el dolor, la pasión y la tinta, y que, suprema metáfora, el Hacedor construyó los días y los siguió de noches en imparable sucesión, para espanto de torpes y aviso de iniciados.

*

Ayer, raíces.

Verdean el arroyo

Plantas acuáticas

*

Ella tenía ante sí una bala flotando en el aire. Detenida. Apuntando a su mente, confusa, recordaba otros tiempos, otros abrazos cuando en las noches de playa el sofocante calor irrumpía en la estancia de ecos de mar y luna. Algo de un sentimiento amoroso silencioso y un dejarse ir a lo profundo convertían en coto cerrado el edén que habían fabricado con besos y tesón. Y los descubrimientos de nuevos confines accesibles en sus paseos, las promesas de eternidad sobre la arena mojada, los castillos de arena que persistentes olas lamían para deshacer, la arena dorada por el sol y la sal, y un corazón ardiente de deseo, y en un cristal oscuro observaba a su fiel amante convertido en un airado vengador, se cruzaban los espacios, la puerta del balcón irradiaba plata marina en la noche multiplicada y una sombra de acero empuñaba el arma letal, si fuera mariposa la bala, si ficción, si un sueño en un sueño la descubre abrazada a su hombre y su hombre se escinde y la dispara, pero es magia, sigue resonando la detonación que en la oscura noche (como cuando la playa) actualiza el momento terrible, era posible reducir la realidad a un átomo de tiempo, huir de sí misma, abandonar ese cuerpo abrazado, sentía aún el sabor del cava en la garganta, o la sangre, y la risa (porque había amado, porque iba a morir, porque un día en la playa sus pies mojados eran también peces) salía alocada de esos labios que otro día le bebieron su piel y él se asomaba a sus ojos perplejos como cuando niño, y creía jugar una última partida, que las cartas estaban marcadas, que el reloj declinaba y que alguien llamaba a la puerta.

Ella quiso contarle una historia magnífica, sobre la sábana embozada apoyó su mano y el niño escuchaba otra vez la voz dulce, cercana al sueño, y la fragancia de las buenas noches, el beso, la última oración del día abrían la puerta a esa serenidad que flotaba en la penumbra, un haz de luz desde el pasillo y las paredes guareciendo tanto deseo de nido y de abrazo, y la voz era un murmullo, sonaba a tijeras de plata y a vaso de chocolate, era seda la almohada, fría y suave para enraizar sus sueños, y él iba entrando bien sujeto por las manos firmes de mamá, y del otro lado, en el futuro, papá alargaba las suyas en el término de lo que era el primer paso, de pie, balbuceante, que marcaba distancias estelares y se convertiría tras el desafío y el duelo en un hombre valiente, y podría mirar la oscuridad sin miedo, acercarse al abismo, otear el fin de las cosas y saberse limitado, aunque capaz, criatura de la Madre Tierra y del Padre Sol.

*

De continuo, un silbo de flauta, un hilo de plata, el brillo de unos ojos, azul turquesa profundo, trazos entrelazados en los azulejos de la fuente, surtidor riente, borde del ocaso, sacra hoguera custodiada por vestales, incienso, el fuego que raptó Prometeo, los libros que deshizo el fuego, el borde de bronce del planeta, se diluye y alarga su presencia el arroyo en la sed de los campos, la sonrisa, la paz y la alegría que hace llorar, la nieve recién caída y esos árboles que nos hermanan, prosigue y persiste un eco de canto coral, en la armonía, en la sabiduría de quedarse callado, en la luz que difunde y enlaza, ritmo presente en un centro y así no buscar, transitado todo de esa concreción generosa que nos unifica y nos otorga el don de realidad.

*

Caminaba despacio otra tarde. Un azul violado de montañas sedaba la vista, irrumpiendo entre dos edificios ocres. Avanzó el pie derecho. Olor a violetas desde una floristería. Otros coches abejorros zumbando el aire urbano. No había prisa. Destensó los músculos del cuello, línea clara dibujo silueta en la ruptura del discurso. Cadencia de un lento paseo. Sentía un alborozo sofocado de latidos, calor interno lámpara bajo el celemín quizá cigüeñas preñan el cielo ultramar, discurrir entre las imágenes borrosas, las otras identidades, las complejas historias personales, en un momento se sentía sola con su cuerpo usado, recuerdos vírgenes de nuevo, la paz detrás de la renuncia a la palabra, la libertad con que ella se premiaba, y su piel envuelta en alientos de urbe, tranquila, hallando un equilibrio entre la nada y ese oscuro presentirse, y sonreír al viento de acacias, y acariciar las ramas y su nieve de pan y quesito, y observar alborozada esas frágiles reverencias de los altos, y tomar el camino que enhebra un hilo de plata, pone de nuevo su pie izquierdo y ha transcurrido el vacío en su paso, y se piensa abrazada a su amor que es ese desplegarse de lo cotidiano y esa aceptación de los vecinos íntimos que comparten alma y piel.

*

Travesía

De príncipe barroco a maestro Zen.

*

Sagrario, aljibe, luz crepuscular relumbrando en los objetos dorados, brillo de hielo, cae la nieve de la luz del cielo, sueños de barcas en el rezagado seno de la bahía, gavilán, las desoladas huellas de los destructores, sendero con luciérnagas, himno donde tremolan las últimas banderas, la caricia del fuego, todas aquellas cosas eran sus ensueños, aunque ahora, rota, la memoria atesora lo cotidiano, baja a lo concreto, dedal, mochila, lapicero, botas de barro, esos pantalones de pana y el umbral de la puerta, el mantel y los platos, la tinta en las manos, el balón, y quiere evocar lo inapresable, ese olor a tabú, la carnación leve devuelta en el espejo de la alcoba, espacio de algodón y los vínculos que se iban rompiendo con la gravitación de los astros y un destino esquinado que fatalmente le separaba del centro, y por estar con ella podía ser lo que fuera, canario en la jaula, un gato atisbando sobre la parra nudosa en días de estío, adorador del fuego en aquella fragua, punteros al rojo vivo , golpes mecánicos y un olor acre que se muda a profusión de chispas vibrantes en la oscura cámara de yunques y campanas, y un rosario en la mano, flores céreas nimbando una mujer muerta y el velo y el llanto, y el susto que quiere huir por las vidrieras de las ventanas cerradas, y el humo de los cirios y el vapor de las nubes que guían su cometa, brillante, ondeando cielos, o bien, caballito balancín, galopín galopando en el recién estrenado universo de los ojos de un niño.

*

Nevaba dentro de la bola de cristal cuando sus manos agitaban incansables para ver ese revuelo de partículas blancas en remolino cayendo sobre el castillo y el bosque de oscuros abetos. Veía el paisaje alpino a través de las ventanillas en un tren que partía la tarde y le llevaba al ocaso surcando las grises tierras de la Europa central que eran frías al contacto de su frente y el cristal se empañaba y la mano del agonizante hombre de mundo dejaba caer su tesoro y murmuraba "Rosebud" en el paisaje blanco y negro ante miles de pupilas brillantes, en la iniquidad de todo término, en el fracaso de la avaricia, en el patetismo de comprar el mundo, habían caído muchos castillos en el aire derruidos ya aunque en el silbido del viento racheado volvía a surgir el preciado adorno que presidía la estantería del cuarto de estar, y si se rompió alguna vez la bola, se evaporó el agua, la minúscula fortaleza era una figurilla de plástico, pasaba torpe una señora rodeada de paquetes, seguía nevando en su memoria de niño y la noche acogía al tren disciplinado deslizándose en sus carriles de plata en la sombra, y luego el consumo dilapidó su regalo devaluándolo en múltiples bolas en múltiples escaparates, pero ya no nevaba, supo que era distinto al quedarse detenido tras la copiosa nieve caída la noche anterior sobre el patio de recreo, mientras que otros compañeros emprendedores avanzaban pateando con sus cascos la alfombra que trajo el cielo. Era para él un mensaje de lo desconocido y la investigación encontró en los copos figuras arquetípicas de sus cristales caleidoscópicos, y ese frío blanco volvía a actualizar la ensoñación de aquel primer cosmos que le hizo sentirse un Dios en el momento de la creación, y a la vez, la helada claridad era la metáfora blanca de la Muerte, la caricia del mármol, el vértigo de la geometría desnuda, la conclusión de todo cuanto se creyó conocer o el espejismo de lo que uno soñó, la consumación enamorada liberadora de todo esfuerzo y toda vanagloria.

*

Esos amigos

Que se nos van muriendo cada tarde

Agarrados a vasos.

*

Qué fantástica pirueta, la irrupción de los mendigos, los borrachos, los saltimbanquis, los alienados, los margi-nales, la gente de perro y flauta para romper el orden sagrado de las normas, los principios y límites, las fronteras, qué dicha sentirse irregular y transgresor, espolear el ritmo, abdicar, traicionar longevas obsceni-dades, desacatar dogmas y romper los moldes que nos hicieron, así sucedía en la amarilla China imperial en el encuentro de los guardianes de la fe con los súbitos caminantes tendidos embriagados en la cuneta, porque esa senda no es la Vía, el camino que hoyan los pies en confortables sandalias, de pasos comedidos, de prudencia en la distancia a recorrer y de los hitos conocidos, no puede ser la Vía que genera la realidad, y siguen los confucianos ordenados en sus filas y aparecen impuntuales los taoístas a recrear a partir del caos la armonía inicial que no puede hallarse ni en los preceptos, ni en las obligaciones, normas, instancias, dictámenes, ni edictos, que han huido de los libros y flotan libres en el aire, entre las aguas del gran océano, en la flor del fuego, en la piel generosa de la tierra, y otra voz trajo en las Rubaiyat el eco de lo que no puede enseñarse, de ese saber antiguo que nos precede y nos enaltece, ajeno al poder y a la gloria, y el río discurre hermano en la placidez del universo recobrado y hablan las cosas y así los seres en silencio, las aves, los árboles libres, las fieras en su primitiva inocencia actualizan aquella frase que alguien en la tierra del emperador Amarillo creyó oír de alguien que creyó decir: "la mayor revelación es el sosiego".

*

En aquel tiempo el mundo brillaba con mirada auroral y la espléndida altivez de los dioses blancos dejó sus huellas en perfiles y columnas, cuerpos desnudos mostraban el prodigio de aquellos artistas que creaban criaturas divinas de la muda piedra, y aquellos contornos pulidos amorosamente por cinceles abrían el acceso a la percepción de una serenidad olímpica, pero la taimada Historia gustaba de simular montes y valles, y cataclismos que nacían de vagas crisis del alma traducían en sangre el hundimiento del mundo áureo. Y fue en otra época oscura, oprimida de torres y de sombras, propagándose una épica del cuchillo y la cadena, ahogándose en incienso y un humo sepulcral la luminosa promesa, así que eran rocas los castillos, temor y culpa, la opresión que ponía gárgolas en los cielos sucios de un valle lacrimoso, y no obstante, la semilla germinaba, tras los muros, ajena a arbotantes y salterios, se escurría la savia serpentina de conciencias druídicas y, sueño de celtas, a través del légamo de la ortodoxia vislumbrábanse nuevos indicios, trazos retorcidos remedando jardines del edén en las primeras páginas de los macizos libros conventuales y bajo la arena ardiente o helada brillaba un oro extraño, cuajado de filigranas ilegibles, adosado a gemas, eco de cruces que un furor dionisiaco engalanó hasta convertirlas en irreconocibles signos de otro saber, cuando no de otro sentir, y he aquí que la heterodoxia hervía en esos objetos de rara belleza y las puertas al paraíso secreto volvían a abrirse.

*

Aleteaba
En la cesta de mimbre
El pececillo.

VI Palabras

La navaja y la rosa, el aljibe y el fuego,
La silenciosa casa de los pasos perdidos,
El libro y la palabra, los sueños encendidos
Y el tiempo detenido en este abrazo ciego.

Se eleva la cometa en el azar del viento,
Gira el caleidoscopio con flores de cristales,
Hay un umbral de sombra en todos los portales
Y una luz en la sombra, y un nunca, y un lo siento.
Y de nuevo la sierpe se enredaba en la rueda.
Si brillaba la noche el cielo se oscurece,
Si brillaba la piedra el diamante perece,
Parecía el edén la sombría alameda.

La búsqueda seguía, febril, atormentada
Para llegar al fin de la última vía
Y en la noche del alma, amanecer el día,
El fuego florecerse, la navaja cerrada
Y dormirse el aljibe y la rosa se abría.

Y no era posible de otra manera, la realidad era afable, su
Dios le regaló un mundo sin esquinas, el centro estaba en
ella de continuo, y ahora, se quedaba admirada viviendo
en su propio interior que germinaba, y comprendía que de
la vida surgía vida, en esa tranquilidad que otorga la paz
profunda, palomas blancas cruzaban su cielo y los signos
de la sabiduría flotaban sobre un firmamento abierto,
reflejado, pozo interior también abierto a la luz del
Hacedor, se sorprendía viviendo para lo otro que era lo
más realmente de ella, esa identidad especular que tendía
a unirse en una comunión orgánica. Así una saeta
transfiguraba el mundo revelando la profunda unidad más
allá de toda palabra. Permanecía cerrado el libro sobre la
mesa. Un búcaro sustentaba un lirio blanco, desmayado a
la penumbra de la estancia, aunque vibraba de súbito un
oro en el aire, un revuelo de gozo anunciaba la creación,
soñó una imagen angélica y su sentir se anegaba en el
silencio, ebriedad de absoluto, y un leve temor, puesto que
ignoraba si aquello cabía en el Libro.

El texto era confuso, el verbo, equivocado, la sinuosa
serpiente sibilaba en el borde de la ciénaga umbría, y,
detenido en tensión, acechaba tras un bosque de bambúes
el gran felino de piel listada, y la presa era ella, tan sumida
en el declive que se dejaba hipnotizar por los ojos verdes,
fulgentes de frío y jungla, lentamente progresaba el
encuentro, cazador y presa escenificaban el drama cotidiano de la existencia, aunque entre bambalinas existía un

director que guiaba meticuloso cada escena, disminuía la luz azul cual apagarse de estrellas, sonidos de tierras exóticas, silbo de flauta, arabesco, y la fiera avanzaba, conociendo su papel, y la bella no podía renunciar a su sino, y otros sabios establecían conjeturas semióticas identificando en el monstruo el peligro del saber y viendo en la mujer la inocente aunque insaciable búsqueda del conocimiento, los ejércitos angélicos cerraban las puertas y espadas de fuego anidaban en los remotos relámpagos del horizonte, y el Sabio, ajeno a toda doctrina, iniciaba la sonrisa de los bienaventurados al encuentro con la luz, sentado junto al tigre y la sierpe, la dama y el dragón, pero no eran ya sino símbolos vacíos de contenido, el requiebro de algo que quizá una vez pasó, y allí confluía la vía iniciática y el sosiego en su término.

*

Ítaca. Tierra de cabras, hierbas mesetarias y riscos bañados por un mar, vino amargo de resina y un fondo de nubes azuladas mientras por los ondulados valles se pierde una nostálgica música de sirtaki, y en las pequeñas aldeas huele a pan reciente y las escasas vides sobreviven en la tierra pedregosa. Ya llegan las sombras estirándose como gatos rozando los tobillos y el hogar reclama la vuelta de los que partieron, aquellos esforzados marinos, el rapsoda griego, la muchacha afanosa consultando documentos para lograr la apertura del conocimiento, el escritor frustrado, todos los Ulises cuyo mayor logro fue encontrar en la tierra árida un paraíso, y de este modo, reconciliarse con la modestia de una realidad que nos alcanza y nos basta, eran azules sus ojos de tanto mar, de tanto amar a lo que se añora, lloraba, niño, asustado y valiente contra el mar enojoso, y volvía la resaca embadurnando de espuma su leve velero, vuela, vuela, capitán, y esos ojos que el fondo de la noche abismaba en la negrura lucían estrellas salvadoras, y no morían mientras la memoria custodiaba el altar de la tierra amada, y no querían otros paraísos, fieles, desnudaban de ataduras la fatalidad, vientos fastos propiciaban la singladura que no podrían destruir ni dioses ni rocas, pues era su destino entrar en la tierra madre y el telar entrecruzaba sus hilos, giraba la rueca, giraba la veleta, giraba la gran danza circular de hombres y mujeres entrelazando con sus manos su fortuna y su anhelo, juguete de potencias celestiales, pero fuerte al timón y cultivando su tesón en la anhelada patria común, y en las superficies curvadas de la tierra, en los arbustos aromáticos y en la arenosa grava de las playas flotaba un aroma de jazmines, aunque el oleaje era bravo y un aire salino hacía llorar, vuelves a casa, joven para tu amor, y si débil y macilento se desmorona tu cuerpo, eres superior a los dioses, les has robado, con tu logro, el lejano Olimpo, lo dejas de lado y prefieres hollar descalzo esta arena de las playas de Ítaca.

*

En las tierras bajas seguía la trabajosa extracción de minerales bajo el sol brillante de agosto, y apenas sombras se escondían bajo los pies de sudorosos trabajadores, bajo sus cedazos y cribas, y aunque un olor marino evocaba la calma del mediodía y el firmamento diáfano confería un aire de solemnidad poco habitual, errante en la escoriada cantera el joven aprendiz portaba en su capacho las rocas fragmentadas, que luego pasarían a manos de los alquimistas y de los químicos. En sus talleres, bajo nuevos golpes redoblados de mazo o mortero se reducía a polvo cierta sustancia de color azul brillante muy cotizada por los pintores, obsesionados por aquel entonces en ejecutar una mímesis y reproducir así en sus cuadros los mil tonos y matices que irradia la realidad cotidiana de las ciudades y de los interiores de sus hogares. De modo que, envasado en un frasco de cristal bien pulido, el valioso pigmento se desplazó desde el alambicado cobertizo hasta la sombría sala que hacía las veces de taller donde el artista pudo por fin contar con la sustancia del azul intenso que prodigaría en algunos de sus cuadros. Por aquel entonces el pintor trabajaba en la vista de Delft y aunque en un principio pensó incluir el pigmento para colorear las aguas del río, su apetencia se inclinó por levantar la mano que empuñaba el pincel para acariciar el cielo y conferirle el esplendor de un azul brillante entre las nubes opresoras que tamizaban la luminosidad del paisaje y otorgaban la visión de esa humedad sombría característica de los países bajos. Como la historia es una sucesión de hechos fortuitos y una causa desconocida enhebra distintos aconteceres ajenos a la conciencia de las personas, reducidas por este motivo a insignificantes actores de una obra que no es suya, el pintor ignoraba que ese azul quedaría prendido en los ojos de un escritor hijo de una época tardía, para quien dicho cuadro era el más hermoso de cuantos nunca se han hecho. Y reproducido en fotografías, radiante en pantallas luminosas, ahora el paisaje devenía en arquetipo de lo mudable frente a lo estable, que por la vía de la generalización se amplifica de modo desmesurado hasta la confrontación entre el infinito y la eternidad. El cielo suspendido contempla fluir al agua y permanecer en suspenso la fachada de los edificios, si bien el tránsito de nubes otorga también movimiento al instante. Pudiera decirse que era imposible captar tanta antinomia, tal muestra de contrarios en ese modesto paisaje fluvial que un día reclamó la atención de Vermeer. Pero el ciclo prolonga su secuencia y el primitivo azul se ha convertido en radiación, ondas, impacto neuronal que deriva de la sensibilidad cromática a la transformación en palabra, la resonancia afectiva, la nostalgia por querer conocer aquel mundo perdido, el estudio saturado de añoranza por aquellos años en que los comerciantes satisfechos celebraban la amabilidad de la vida encargando retratos de los interiores de sus casas bien provistas, y el estudio de la economía, de los trabajos, de los oficios, como el de aquellos pobres obreros que luchaban en los días calurosos para arrancar a la tierra el color del cielo y del mar.

*

En aquel tiempo descubrió que no existía ni la culpa ni el pecado.

Que la maldad era una falacia, una confusión de la mente
  dormida,

Que era posible amar a tanta gente,

Que podía regalarse la paz.

*

¿Por qué no ir contra el tiempo, el implacable, el falsario, el finalmente sujeto a nuestra profunda codificación y etiquetado, y atravesar un eje tendido entre los cielos tumultuosos y agónicos que se emborronan de carmines y azules pizarrosos, esmalte mental que sobrenada el grito del transeúnte horrorizado ante la angustia del sinsentido de la existencia, que otorga esa cualidad de mensajeros de la muerte a las sombras borrosas en el tránsito del paseo-puente y dejarse llevar en un vértigo inverso desde el sombrío norte a los albores de la luz mediterránea de esa brisa gozosa que riza la superficie encantada del mar que ve nacer a Venus envuelta en esa desnudez que abre su espejo a la deseada carne vibrante en las ondas, en los aires, en la triunfal presencia de la ofrenda a la vida que se da a sí misma, en el ornato natural de un placentero estar, la dulce presencia de los dones que la tierra como regalo nos otorga, néctar y ambrosía, aroma, dulzor del paladar y abrazo de esa entrega acariciante donde no hay sombra, sonríe amable el pintor y nos alivia con la primavera del tortuoso otoño en donde iniciamos el camino?

*

Y corría la ginebra embriagando vasos burbujeantes de una tónica lívida y helada, volviendo al calor antiguo en los días estremecidos de frío, vibraban llamas inseguras y soñolientas de aquellos hogares, mantenidas lenguas del fuego prometeico por los leños añosos, y en el paladar un amargor hermanaba los corazones jóvenes buscando la aventura de romper un poco los límites y atreverse a abrir la tapa de la casa, una luna en creciente conjuraba la tarde contradictoria de mayo, cuajada de lluvia y sol, rielando la lluvia menuda en oleadas que desde el interior de la casa comunal otorgaba la cualidad de refugio y vía de acercamiento a esa comunión de los viejos amigos y de las chicas guapas que un día enamoraron nuestra condición y así se fue cuajando el pan en el horno y aquello era ahora, qué decir, una estrella roja en una guitarra, los campos estériles de hoces, silencio de martillos sino el ritmo enervante que vuelve en las voces que nunca pueden morir del todo porque contienen los signos de nuestra cultura, pero el veleidoso atardecer traía un aire frío de cuchillo y un ladrillo más en el muro, halcón herido, brindaban los jóvenes otra vez en ese algo de insurrección, de puños en alto a ritmo de salsa con los pies arrastrados por el whisky y el ron, pero el son persistía en los tímpanos de la memoria, volvía del aire y de la tarde esa vieja libertad no resignada, y se hacía fuerte en la mirada brillante por si llegaba el futuro, y luego los hielos se iban fundiendo al amoroso calor de los abrazos de baile, esas primeras luces del crepúsculo que ávidos quisieran captar con telescopio y que eran regalo de esa realidad aferrada a los sueños que les guiaba sin ellos saberlo. Y así era el amor, amable y caluroso, desprendido de los miedos antiguos y cercano gato de lumbre en esas noches de candiles y carburo, consejas y halo de luna, entrañable persistencia enlazada a raíces tan profundas que asentaban cimientos y junto a la toza el agua borboteaba en el interior de la olla, aunque después surgían como regalos los brotes nuevos de la vid y la savia en otros ojos nuestros y en otros corazones y esa explosión inundaba la calma y un vértigo de futuro diluía los recuerdos en viejos álbumes que la magia perpetuaba a modo de sortilegio en las celebraciones de la realidad.

*

Un corazón late en el centro del estanque.

Una gota de agua cae sobre el centro del mundo.

*

Ondas circulares expandían la vida, era inútil comprenderlo, diáfanas, arcadas de luz disolvían la acuática esencia del aire, si llovía, el padre Sol abría entre las lágrimas de tierras anegadas universos erráticos de gozo y la inconsistencia del helado viento cristalizaba los paisajes del sueño, llovía luego sobre las pesadumbres que traía la vida y eran nuevos los viejos anhelos, el huracán era una fiesta, tintineaban las campanillas de las arrasadas cuencas en los valles, y ya los vértices en las montañas se cubrían de oro, la madre Tierra rompía toda la inercia de la historia y la fuerza de la sangre y la savia fecundaban el momento, iniciaban los astros su danza mineral, aliento de cometas incendiando las largas horas del hastío, venían, volaban, surcaban toda estancia, lugar o proceso, poseyendo hasta las raíces de la certeza las enviadas de la vida, agujas de sutil aliento, aleteo de palomas albas, vigilantes en vuelo rompían la coraza, qué rotundo gozo desguarnecerse, romperse las cadenas, deshilacharse el duelo, desdolerse, arribar, arrimarse a tierras nuevas sin contornos, intuirse unidos, soldados a este firme asidero, basado en una frágil percepción, guiada, orientada de luz, en la vía, en el camino, en esa realidad barrida de todo lo superfluo, incendiada de tu brillo, luz...

*

El león duerme esta noche. Cansado, el músculo se relaja en un sueño de tangos y la noche azul es una gasa y un paso trabado, arrebujado entre sábanas frías, vuelve la piedra a su primitiva redondez, es manso el jardín y desarticulados proyectos, hilos de telarañas rotos de viento, duermen también las marionetas y la paz de los justos embalsama el insignificante constructo de los ideales, castillo de naipes, fuente de agua quebradiza escurriéndose sobre torsos broncíneos y surtidores callados susurrando silencio, el rey duerme, flores para los muertos, oh, bella yaciendo ya en oscuros lagos, viene la nacarada nube, almohada a cobijar su cuello, duerme, duerme negrito, y canciones de nana, y ese vaivén de caballito trotador, embozo devolviendo el aliento tibio y el sueño de la carne que aprende a hacerse aire, levedad, vuelo sólo, brillo, si acaso borde de visillo, final de la escena, umbral apagándose de focos, rumor, último paso, última luz, puerta cerrada, ojos cerrados, nada.

*

A través de los vapores de azufre él observa la apertura de un párpado. Se despierta el dragón. Ha llegado el día de la ira. Pesa su armadura bien guarnecida, el yelmo, la espada. La tierra tiembla al compás de una respiración jadeante. En el cielo ardiente el planeta rojo traza su signo. Y allí iba el caballero andante, dolido ante la afrenta, estaba jugando con sus amigos cerca de una fuente y al salpicar el agua de la pileta mojó su niqui. En aquel momento apareció su madre, se abrían los arcanos y retemblaba la bóveda celeste. Era preciso disimular aquella mancha de agua y el niño tomando arena del suelo se la echó sobre la tela mojada para secarla cuanto antes. Nunca lo hubiera hecho. Avanzó la madre vengadora con la zapatilla en la mano y lo que quedó para la posteridad fue envuelto en la amargura de una dolorosa suposición. Pero ahora el guerrero enarbolaba su hacha, pisaba con pie firme y preso de una cólera justiciera blandía el arma dispuesto a erradicar todo vestigio del mal, ya metamorfoseado en la repulsiva araña negra avanzando envuelta en su seda venenosa, destilando de sus quelíceros el horror de una agresión irreparable, envolvente y taimada, destructora nueva diosa Kali de múltiples brazos para abrazar la muerte, ya en la apariencia de una bruja de meliflua sonrisa, y él agitaba su mano armada para la destrucción y caían a los lados las ramas espinosas de un bosque de acero, torva, lóbrega vegetación para el furor y la sangre, paisaje funesto para la soledad del héroe, y ya caía el último obstáculo cuando la infame portadora del espíritu maligno conjuró a los poderes satánicos y en el universo un gran interrogante daba paso a la espantosa presencia del Dragón. Quedó deshecho el velo del cielo y el fuego de destrucción amenazaba la vida del valiente, del esforzado pequeño capitán, cayó de su pertrechado cuerpo el escudo y la espada, oyó la voz dulce de su madre buena sugerirle muy hondo, avanza, pasa, cruza, es humo, es vaho, no es nada, yo estaré contigo y tú estás conmigo, mi pequeño…

*

Acer palmatum atropurpureum
Extiende sus minúsculas hojas
Remedando un oasis, jardín mínimo
Tan lejos de su tierra natal.

*

Sintió una profunda conmoción cuando el laberinto de sentimientos envolvió su frágil figura amenazando devorarla. Una tormenta eléctrica generaba cortocircuitos neuronales y de las esquinas del recuerdo acudían las ratas a roer su saber. El aire enrarecido enviaba vacío a sus pulmones y la realidad deformada inclinaba su hostil perfil de parca en un ajedrez donde sólo sombra y sangre rendían la partida. Disyuntivas insoportables se abrían paso en la conciencia turbada y el caos era ahora la puerta del hastío. Y vuelta a la tiranía del dolor y sangraba la herida en el cosmos, fruto de una pesadilla, quizá sólo eco, tan sólo huella confirmando la ausencia, el libro del destino permanecía cerrado, las armas oxidadas y los caballos de la noche erraban incendiando de miedo los bajos fondos de su mente. Pero entonces pareció abrirse un filo azul de luz, horadando la turbia existencia, comenzaron a disiparse los terrores cuando la razón comenzó a ordenar el paisaje, a poner nombres a las cosas, a discernir, lámparas nuevas volvían a brillar en la bóveda, la gruta tenebrosa pasaba a ser primero claustro para luego transformarse en el salón del trono, volvían a esconderse los ogros a sus confines, la razón pura dibujaba de nuevo el horizonte lavado por la lluvia de la mañana, se cerraba la mazmorra, el dragón dormía, tomó la llave de la biblioteca, sobre el anaquel envuelto en un paño púrpura permanecía el Libro, aquel era su arma, subió al pedestal y se sentó en el Trono.

*

Solitario paseo

tras el viento, la lluvia,

y no estás tú.

Un desentumecerse la carne dormida,
Abrirse en el aire las semillas
Runrunea el barro, tierno, templado, acariciado de manos,
El centro es ahora el crisol.

*

Y aquel hijo que era él soñaba suelos engarzados en sueños, iniciaba la senda de los pasos trémulos, el gran avance desde el balbuceo, la señal interna, oh, magia y fuego del corazón, moviendo a una acción que se despliega, incesante, conquistando para sí mismo su otro yo diluido e ignorado, y un tardío camino pudiera permitir el encuentro de lo que siempre fue unido, y oír siempre ese rumor de agua de noche que le reconciliaba con la sombra y aceptar cuajado de gratitud esa ofrenda que es la copa del universo rendido, y comulgar para volver a uno mismo que es el todo flotante, la brizna y la barca.

*

Les cobijaban del aire herido de posguerra
Constelaciones nuevas para sus miradas adolescentes´,
En el jardín de Edén criaturas diversas aguardaban la
    dicha,
Iniciaban su andadura,
Ecos de la vanguardia,

Arena y camino,

Un sigilo de cedros

Avanzaban por la senda cuajada de acículas,

Roca y viento,

Un ciprino dorado envuelto en las ondas concéntricas del
   lago

Pero veían más allá de la nieve recién caída

Y cultivaban su amistad

Hecha de palabras y silencios.

Agua corriente

También se lleva

Lo reflejado.

Impermanencia.

Cielo azul

Se rompe en un gajo,

Dulces horas de jardín,

Paredes de la casa de granito y cal,

Aún vuela el barco de Alberti

Surreal, enredado en un aire renacentista.

Serenidad de un pensamiento zen,
Hondo de luna en un pozo de agua.

Un golpe
Y se desangra el mundo.
Un grito trae la paz
Del despertar.
Bambú
Enhebra el agua con el cielo.

Sortilegio en una tarde
De la llanura profunda.
Aire de oro.
Piedras rodeadas de arena
Y ondas del río
Azules debajo del aliso.

Paradoja,
Siempre era el momento presente,
El despertar del mundo,

La irrupción de los sentidos,

Una embriagadora novedad, como juguetes aparecidos
    sobre la alfombra

Y el soñador volvía a ver

Entre lágrimas de gratitud

Esa escena que le ponía en el centro del mundo

Y era el protagonista de su propia obra, y el director, y el
    espectador

Y también el observador externo tensando los hilos de las
    marionetas

Y era volver a ver

Y era volver a ser

Cuando se fueron rompiendo las escamas del fósil

Y, rota la tierna seda, la crisálida irrumpía en el Mundo

Y entonces el pasado devenía en presente,

Alentaban las palabras, escasas, innecesarias ya,

Al germinar la conciencia en el silencio

Para pasar del yo soy al ser, de ahí al vacío

Pero todo era polvo de estrellas.

Solo.

Dejarse.

*

Parimos sueños:

En la amplísima sala desnuda de todo artificio primaba el espacio, virginal, informe, disuelto en la claridad de las paredes y cristales urbanos con ecos de paisajes de torres y tejados, rascacielos al norte y un paisaje de cal cuadrando la estancia, y la incertidumbre, las primeras huellas tras los pasos, las tarimas deslizándose hacia una configuración de islas improbables, la aparición de focos zonales, atenuadores de la luz fría en los neones, y la configuración progresiva de las mesas y sillas, liberadas ya de las carpetas y carteras las formas poliédricas de los cartones, las onduladas alas de papeles blancos, pajaritas, brujillas comenzando su vuelo nocturno de hilos y perchas, las mesas se derraman de figuras y vino en los vasos, y el tiempo configura un avance implacable de las pequeñas creaciones efímeras, vaho, brillo, penumbra, ondulante presencia de velas de bajel, surca en la oscuridad un haz de luz y se vuelca en una retícula de blancas hojas, se abarquilla el óvalo, surge la luz, piruetea el folio, se mece un fleco de papel tijereteado, las hacedoras persisten en su telar de celulosa, las manos acarician, forman bucles, pliegan, deslizan los bordes enamorados para besarse en las aristas, se escancia el vino dionisiaco sobre la orgía de la creación, no falta la mano serena guiadora del instante, el dictado de la razón combate con el juego convenido, y apunta el ojo lúcido para retener la escena, o multiplicar en imágenes los segundos humildes de la huella, la sombra del cuello, la luz desenfocada, la caterva de figuras aquí, allí el círculo iniciático que cultiva el vacío, orden supremo para unirse en los siglos opuestos con el caos primigenio. Montañas de material flamígero, islas a la deriva, casi mandalas tridimensionales, asociaciones de pequeños resaltes, los libros sagrados mostrando la infinitud de la realidad, superficies plegándose hasta el paroxismo, lo indispensable son tres puntos de apoyo y la gracia... Y las fotografías, los vídeos, las miradas, los registros del lápiz escurriéndose en descripciones y agradecimientos, brindamos, brindamos por aquellos, esos, estos momentos que nos realizan.

Soñé un paisaje de una sola orilla, para que el tiempo no nos devore, construí con mis manos una cabaña más frágil que el aire, invulnerable, la almadía se vuelca a su ser más profundo y en el perfil de la tarde de agua llegaban de lejos los ecos que perdí en mi infancia, de un cielo detrás de este cielo, o nunca entendí qué cosas hacía, qué pudo haber de mí en ellas, absorto, descreído, viaje sin retorno a ninguna parte, no era posible la paz en este caos encallado, ni las milenarias olas batían la arena, más bien, osarios de sirenas donde la brújula no puede apuntar. Y mientras deambula el animal oscuro en esa selva de los miedos antiguos rescato de lo hondo la mano y el pincel.

*

Hay en las procelosas aguas del otoño
Como un aliento de ciénaga templada

Y se pierden escenas interiores
En el oleaje imparable del olvido.

Y hubo también su triunfo, su corona y su aura,
Algo de céfiro, blando, errático,
Hasta llegó a asomar Renacimiento
Y sus ninfas y náyades de mármol.

Pero ahora llega el cáliz desbordado,
Con un reflejo de sangre y oro viejo, drapeado de
ángeles, extático,
En el oscuro umbral, abierto a otra escenografía, donde se
agitan las alas
De arcángeles suspensos,
Y el Trono donde se instaura la Palabra,
En el áureo brillo de inciensos sofocantes.

En la gran pantalla, iluminada frente a la sala oscura
Proyectaba su discurso una lámpara incandescente,
Misterios arcaicos volvían a otorgar al fuego la primacía,
La luz primordial se teñía de sombras,

Efímeros personajes flotando en el ambiente surcado de
  haces de penumbra,

Como levísimas partículas de polvo oscilando en su
  caída,

La mirada absorta en una trama resonante,

Y arabescos brevísimos, arañas, trazos, rayas y
  filamentos

Intermitentes sobre el blanco iluminado, código secreto

Otro humo.

Se derramaba el Darro en el ensimismamiento de su
  magia,

Luna creciente asomada a la gran torre de la Alhambra,

Paseo demorado sobre las anochecidas piedras en el
  borde final de octubre,

Paseo de los tristes, bajo árboles centenarios, y algo de
  vapor de noche,

Bajo la magia de las estrellas, bajo la presencia intuida de
  otra realidad,

Flotante en rumores cristalinos de las aguas de aljibe,

Cristalizada en los prodigiosos arabescos tapizando los
  muros,

Se abre la cancela que accede a Dios,

En la geometría del gozo y el brillo, el umbral y la
    sombra,

O tal vez, solo espejismo,

Del fulgor del sí mismo,

Y cantos rodados en callejas empinadas,

Y otra historia para otra canción oída

En la voz ronca de las rocas talladas,

En la grieta oculta

De este paisaje que siempre se sueña.

Escritos para nadie,

En el perfil del viento,

Con la mano tendida en la onda,

Del mar, se desgranan las letras, en el aire se quiebra una
    línea.

… Y la mano dibuja los trazos caligráficos en la memoria
    del niño que siempre perdura,

Y que nadie leerá, difuminados por el tiempo corrosivo,

Otras polillas para otro papel hecho de la tela de la vida,

Y que quizá nadie escribió,

Que fue solo un sueño,

Un cuento que me soñaron,

Sólo escritos.

Y la hoja se vuela de papel

Y la tinta sola se desdibuja,

Se escapa sobre la página un fluido acuoso

Dejando huecas las letras, los palotes, carentes de curvas
las mayúsculas,

Se perpetra el expolio, se colma el desafuero

Con estos textos ininteligibles de blanco sobre blanco,

Tinta sobre el agua,

Nada sobre el tiempo.

Y sin embargo, ¡qué necesidad de decir: "te quiero"!

Escondida en un laberinto de retablos,

Con el miedo de la fragilidad

Y la vergüenza de las rutinas rotas,

Para poder ser, para poder sentir con las puertas abiertas,

Y se escapan los vencejos en las turbulencias del aire,

Como se vuelven mustios los amores en la sombra del
dintel,

En la puerta cerrada,

Y se pospone el canto, se cancela la llama, se refrena el
júbilo

Y así no hay viento constante que serene la veleta

Y todo es un paisaje de acuarela móvil,

Un agua sobre agua.

*

Duermen el frío sueño de la piedra

*

Aletean los abrigados recuerdos de la infancia
Pero ahora huérfanos por ese viento que escancia
    noviembre
Y pertinaces líquenes ornamentan las lápidas,
Un sol lejano gravita tan lejos
Y nos convierte en niebla de nuestros propios actos,
Nos vamos volviendo transparentes,
Diluidos,
Atravesados de huecos imparables,
La razón, una armadura hueca
Y abrir los ojos en la oscura huella
Anega el corazón,
Si acaso, la tormenta de fieros sentimientos,
Dejó un sendero lamido por el agua,
Y como un anhelo, se amansa en la insistencia un rumor
    bueno.

VII Hallazgos

Hallazgos:
Un guijarro, una rama de romero, mariposas.

*

Aquel lago estaba en un sueño,
Aquel sueño estaba en un libro,
Aquel libro estaba en su memoria,

Y un día no lejano

Perdió el cabo de su barca,
La página del libro,
Naufragó su memoria.

La palabra flotaba
Hecha trizas de letras esparcidas,
Como gaviotas leves,
Como signos ininteligibles,
Algo de movimiento astral, algo de caos.

Y ahora resuenan, huecas, mis, tus, sus palabras,
Compuestas de sonidos extraños,
Dejan un gusto metálico en la boca,
Están desarmadas las articulaciones de las cosas,
En los desvanes se cobijan los significados,
Blandos, olvidados,
Ocultos a la luz,
Y las sílabas flotan en oquedades que se pierden,
Buscaba el corazón de las palabras,
Su alma,
Y sólo se oía el rumor o el aullido.

Transcurría el tiempo incesante como goteo insomne,
Y las paredes eran todas cerradas,
Volviéndote ajeno y mínimo
Juguete inservible con las pilas oxidadas,
Cuando nadie viene a traer el vaso de leche
Y la almohada ya no es blanca ni tibia,
Como gato
Lejos de todo mimo,
Volvía a buscar el equilibrio en la vida inestable,
Como gato
Detrás de todas las puertas,
Negro por la noche sin luna.

Ciclos

Alguien pensó en construir una metáfora,

La luna cambiante, el proceso imparable, la dinámica
cierta de las repeticiones

Perdiéndose en el caos de las trayectorias improbables,

Ese juego de volverse negro lo blanco y luego, al revés,
volverse,

Retraerse, desandar, despintar, deshacerse en la voz de la
obra,

El pincel confundido, hacia donde, desde donde, la
superficie especular,

Abre profundos blancos en el interrogante de los
pigmentos,

Rayas escurriéndose en las manchas proteicas de color
acusado,

Vibra el rojo más intenso y aletea el azul ultramar

En la superficie gozosa de un grupo de alumbrados,

Blanco mantel para la comunión de los iniciados, heridos
de luz y ciegos

Buscando lo que no es un camino, ni una vía,

Haciendo todo para nada,

Latiendo pulsos en las oleadas cromáticas,

Anegándose las retinas de tanta magnificencia de lo
insignificado,

Juego o rito, aventura sobre el oficio que se quedó
    olvidado
En cualquier rincón de veladuras y constelaciones,
En el eje de la progresiva creación y ruptura,
Quizá, de la mano en el borde,
En la celebración,
Embriagados,
Absortos,
Vacíos.

*

La creación del individuo y la creación grupal.
A alguien le interesaba trabajar en zonas delimitadas,
    protegidas de acciones externas,
Otro optaba por actuar sobre gran superficie,
Cierta persona se enredaba en la meticulosidad de los
    pequeños detalles,
Hubo quien solicitaba que la obra respirase, que tuviese
    espacios no ocupados,
Mientras que uno más necesitaba cubrir todos los
    espacios libres como si el "horror vacui" hiciera
    presa en él,
Quien, acudía con trapos o pinceles anchos a difuminar,
    emborronar para otros,
Surgían reglas provisionales para evitar la angustia de lo
    no deseado, pero eran barridas por las decisiones

individuales, aparentemente, porque una cosa era lo que deseaba cada una de las personas y otra la creación grupal.

De poco valieron los objetivos iniciales, una inercia desconocida sin guía identificado llevaba la gestión de la obra a los gozos de la creación colectiva, no premeditada en sus resultados, sorprendente en sus hallazgos, de modo que si el grupo es más que la suma de las partes, ¿qué se ha obtenido con tantas ideas, deseos, proyectos, pulsos, acrílicos, tintas, ceras, collages, sprays, improntas-transferencias, sino un cúmulo de actos donde azar y orden se conjugan para construir en el caos aparente un nuevo lenguaje plástico?

Y vio venir la hora que en sus previsiones se repetía, poderosa, agridulce,

El momento del gong,

La línea en el suelo que es meta y coto vedado,

El instante teñido de tantas fantasías ambivalentes

Que, incorpóreo, acudía por fin a la cita,

Y creyó oír un susurro en su oído…

El Destino traía para él una caja con una sorpresa:

Reinventarse.

El mismo cielo azul

Se revelaba ahora brillante,

Nuevo para el paisaje de un adolescente

Callado, sugiriendo múltiples significados,
Y la indiferencia que irradiaba el cosmos
Traía algo de beatitud seráfica,
El silencio era abrazo,
La quietud, luz verde
Para abrir otra vez la vieja puerta, que ahora era nueva
Porque precedía a un universo recién estrenado.
Llega el invierno,
La necesidad de volver al nido,
Añoranza de tibios abrazos
En la penumbra
Y de pronto, se deja ver en el anodino paisaje urbano
La luna brillante
Llena de luz
Y piensa el contemplador de tan sencillo hallazgo
En ese misterioso dominio
Del astro en la mente de la sufrida humanidad
Que lo deifica,
Y lo convierte en diosa,
Estandarte asomado a banderas y ritos
Desde la lejanísima tierra en oriente de las mil islas
A la inconmensurable sabana africana bañada de luna.
La niebla
Que había ya cegado mis ojos,

Inundó también mi pensamiento.

Figuras entre sombras

Creaban los colores

Trenes silenciosos cruzaban en la noche,

Los paisajes de mi memoria,

La historia de la nostalgia es antigua,

Aletea agazapada en los relatos que escuchamos en los
días felices,

Que siempre acabaron o no llegaron a representarse,

Las comedias con amargor en los labios maquillados,

Inunda las páginas de sagas y largas novelas

Cuando el paso del tiempo se transforma en galope

Y deja el rastro en los pies cansados,

Y un día descubres

Que ese sentimiento fiel es la añoranza

Del paraíso perdido.

Pero todo cazador herido por su presa

Descubre que la vida se le abre

Como una vía de agua

Y en la inminencia del término siente que su carne

Se hermana en el dolor de la víctima inocente.

Así es como acordó iniciar la cacería

De tanto dolor diseminado en las esquinas del recuerdo,

Porque había pedazos de vida herida

Y, juguetes rotos, lo que durmió el tiempo ido.

Estrellas en los cristales de hielo,

Azogue pulverizado tras la lluvia,

Gotas vibrantes de plata

Sobre un tronco carcomido:

Hallazgos.

Cuando la senda se volvió abrupta,

Tenaces los vientos

Y un ultramar tardío ennegrecía el cielo

Súbito,

Comprendió en la inmanencia de la tierra que pisaban sus
    pies

El único sentido.

Fue también un hallazgo

Porque su cansado corazón

Encontró refugio y acogida

En la simplicidad.

Y el no retorno

Era también una promesa

De la realidad que se actualiza

En una fiesta de cada instante.

Incluso la realidad decae

Nos habíamos asido

A tantos andamiajes vanos,

Garantizando paisajes confortables

Que la conciencia

Despojó nuestra coraza

En momentos como tragos amargos

Y luego, desnudos,

Sólo nos quedó bailar

Y así,

Escuchamos en el asomo del vértigo

Una melodía muy tenue

Que nos tenía en pie

Y creímos beber

Un licor fuerte

Cuando volvimos a sentir

El ardor.

En el caos de los deseos flotantes

Se orientaban posiciones antagónicas.

Alguien anhelaba la aniquilación

Envuelto en las hojas icónicas del otoño muriente

Y en el paisaje contrapuesto

Almas devotas vibraban al unísono

Envueltas en rituales

Para cristalizar en el fuego de la fe la vida eterna.
Para encontrar el cielo en la tierra
Y a Dios en las cosas.

Animal doméstico, gato, pensaba
En su indescifrable mirada,
Esa ternura de metal transparente,
Sólo templada en el abrazo cálido de su ronroneo.

Y por el contrario, perro, de amigable aliento
Cuyo mirar,
Incondicional compañero,
Le desnudaba por dentro.

Cansaba el imparable transcurrir de las estaciones,
La sucesión interminable de postes enlazados,
Viaje antiguo de tren,
Traqueteo de paisaje borroso,
La veleidad de sentirse invitado casual
En la ¿fiesta?, ¿apocalipsis?
De todo lo que prometía eternidad
Y la caducidad lo anega desde dentro.

Hoy volvió a nacer de nuevo

Y sintió dibujarse en su interior alamedas,

Abrirse de enramadas,

Sentir en su piel tactos de caricias únicas,

Dejarse llevar por la ensoñación

De nacer de nuevo

Y pertenecer de continuo

A un mismo laberinto,

Fértil, implacable,

Y veía volar desde arriba

Y el abismo no era para ella horror

Sino solo sueño dentro del sueño

Y esperar que se acabe

Y comenzar de nuevo,

El paso firme,

En el umbral.

*

Vulnerada,

Ave de ala herida,

La condición humana

Tiembla, cometa, sujeta a un hilo demasiado corto,

Siempre ve barrotes en la ventana de su paisaje.

*

La gota de mercurio en el matraz,
Transmutación,
En el tronco, la gota de rocío,
Encierra el mundo,
Tan frágil,
Aire sobre Agua,
Fuego,
Tierra.

*

No ser.
Esa es la respuesta.

*

¿Qué paraje pudo recorrer
El río de Heráclito, el oscuro?
Contagiando la finitud,
Impregnando de sombra toda certeza,
Si acaso, perdonó
La levedad de un junco,
Casi haiku,
Que se afirmaba en la efímera base
De su propia incertidumbre.

*

Y también hay el Amor,
Si acaso, eterno,
Naciente.
Y para el caos, hipnótico,
La sucesión de las noches y las lunas,
Las piedras frías,
Un sentimiento compasivo alienta el universo,
Induce nuevos ejes,
Alumbra
En la mente el áureo oriente
Y un brillo auroral.

*

Herida,

Palabra,

Bandada sobrevolando un mar,

Gaviota.

*

Viejo titiritero
Construyendo con tesón
Un inestable equilibrio,
Alquimista,
Hilando,
Con el reflejo del último sol
Su arquitectura de silogismos,
Buscando encontrar
La fe,
Para recuperar
La paz.

*

El documento se ha roto,
Las letras de tinta se diluyen en el agua del tiempo,
Alguien perdió la llave,
Se borraron los signos en las nubes del cielo,
Ella olvidó la clave de su código
Los otros han desaparecido,
No se escucha ya la canción de la tierra,
Y viene una noche detrás de la noche,
Ya nadie vela a los muertos
Y la conciencia se retrae al olvido,
Ese es el pesebre…

*

Musgo,
Madera,
Piedra.

*

Musgo en la corteza del tronco,
Gotas indecisas en la neblina
Olor a humo de la vieja madera,
La tierra se deja envolver,
Espejo en el charco de la piedra pulida,
Hay un abrazo de pereza,
Temblor y un aliento de sueño.

*

Porque no podía dejar de escribir
Las noches eran largas y cargadas de crujidos,
Barcos en la deriva de la ciega memoria,
Galeones inciertos
Y caminos en el hielo de tardes desoladas.

Donde también luciérnagas
Brillaban en los charcos

De las antiguas lluvias y se posaba el oro en las cumbres
    de las viejas montañas,
Un manantial regaba
Entonces
De venas transparentes el paisaje
Y de musgo tapizaba las piedras.

Así era su amor, un deseo,
El tesón de recorrer la senda hollada de los mismos
    pasos, buscando la aparición, en el lugar de nadie.

*

Y el topo, y el azor,
Metáforas,
Y el rocío y el barro…

Miedo y deseo,
Aves febriles.
Torpe aleteo en la cautividad de las palomas.

*

El oráculo de Delfos permanece callado, ahora,
Las columnas de humo levitan intocables,
Ormuz y Arimán juegan impasibles su partida de ajedrez,

En el ojo de lapislázuli de Horus vibra un aire de
    desierto,

Es la misma pupila que orna el rostro de Nuestra Señora,

Y la sonrisa inicial de los ángeles góticos

Está en los labios de despedida de Gautama Buda,

La beatitud aflora en los arabescos de los geómetras
    santos,

Porque tal vez el camino

Lleva adentro,

A la humedad del pozo,

La quietud del remanso en el agua,

El apagado brillo de la estrella

El camino es la pisada,

Ese dejarse llevar,

Renuncia,

Hacerse arena los pies,

El sudor, aire,

Beber el fuego del espacio sagrado,

Y habitar

La irisación de una libélula tardía.

VIII Paisajes

Cruzan inciertas señales mis paisajes,
Una raya añil brillante surca
La noche silenciosa, policía,
Y ambulancias urgidas se apresuran
En texto de frenéticas cursivas
Rompiendo la quietud aguamarina
De las letras teñidas
Y ocasional, un sol de medianoche,
Itinerante, marca un arabesco
En el telón usado de mi vida,
Y en el cansado azul de mi mirada.
Parpadea esperando una respuesta
Que se queda encerrada entre mis labios.

Pero su voz no es capaz de decir,
No siente lo que piensa,
Desconoce,
Se deja llevar,
Acepta.

Tiene los ojos de tigre y miel mi amada,
Condenados a desentendernos
Y droga necesaria,
Roba mi voluntad, y el desvarío
De ser todo con ella,
Y cereales brotados durante el armisticio
Y un oleaje incesante de naufragio
Salvado por el sol de su mirada.

Ata mi voluntad junto a la suya,
Y porque un día siempre se repite,
El amor que nos une nos desata,
Y vuelven los crujidos del navío,
Y nos acuna, dulce, la ensenada
Donde Venus es un lucero oscuro
Y un sol de medianoche, la promesa,
Y plenitud, y tedio, y todo, y nada.

*

Desciendo la escalera helicoidal
Buscando los jardines inferiores,
Agarrado a la baranda fría que humedece mis manos,
Aire de líquenes y agua
En el aire de la oscura caverna,
Sal espumada contra el oleaje,

Y un tornasol en el umbral
Donde comienza el reino de los oscuros,
Un interrogante entre la tierra y el mar,
Puntos suspensivos, las gaviotas,
Y dejar de pensar, invadida,
Por esa densidad barroca de mineral mojado,
Acunada en la tumba del tiempo,
Renacida, depurada de sí misma,
Alma, o yo, o sólo materia cristalizada en lo efímero,
Transita, sabiéndose imposible,
Depurada de todo cuerpo, que flota, entre el bramido del
    océano,
Y coros angélicos que son albatros, cormoranes,
Expandida en un azur metálico,
Disgregada en las gotas de un arco iris fugaz,
Asiste, oficia,
Un ritual eternamente repetido,
La desintegración del yo nacido,
En cada lágrima vibra el universo,
Y céfiro, sonrisa, para volver a puerto la barca
    desguazada,
El suicidio metafísico a la búsqueda de algo
Más allá y dentro,
En todo.

*

Piedra ovalada
Tapizada de musgo.
Cielo de lluvia.

*

Y alguna vez vino como volando a él un recuerdo, ¿un
    deseo?
De sus primeros pasos, donde se cruza la realidad con la
    magia del niño,
En un agua entreverada de arena,
Sus piececitos descalzos,
En una nebulosa playa que quizá existió y se llamase Río
    Martín,
La paloma blanca,
Acurrucada en la montaña, Tetuán de sus mayores,
Y sueño que recuerdo,
Y se me va de las manos esa historia descolorida,
Como las viejas fotos en sepia, de un pasado que ahora
    calla,
Y corro entre las olas mansas,
Frágil animalito descubriendo en sus ojos la luz
    derramada en el brillo de la arena,
Y corrí dejando un rastro fácil de borrar para las olas,

Oleaje de la cadencia que se detiene en instantáneas
    fugitivas,

Y aquel niño jugaba con las olas cambiantes,

Y papá le llevaba de la mano

Y poderoso, le subía a hombros,

Y lo que podía distinguir su mirada se nubla con el paso
    del tiempo,

Bruma,

Aunque aletean los reflejos juguetones en el agua
    espejeante,

Y el olor a aquel mar le hacía llorar si miraba al sol

Y de aquel universo quedan

Los dos cogiendo medusas con un cubo

En la foto apilada

Entre otras fotografías anónimas

Como un instante archivado, como un dato,

Y sigo enarenándome

Y al tocar la superficie del recuerdo

Huelo el mar, y me ciega

Ese horizonte que compartí con mi padre

Cuando el niño era aún muy pequeño

Y el mundo se revelaba a su inocencia.

Hubo otra tarde más de riguroso invierno,

Se significaba

Por esas ramas desnudas de los álamos

Arañando las nubes iluminadas de sol poniente,

Extrañeza

De esos vastos espacios de azul cromado,

El cielo,

Fragmentos de mosaicos

Que hacen única la sensación de estar integrado en un
        panorama irreal,

Acuarela, pincel seco, cuenco vacío,

Extraída de los álbumes de estampas,

Y, mariposa muerta

Atravesada por un alfiler,

También es así el tiempo acuchillando mi paisaje.

                              *

Estas palabras que acaban de salir de mi boca,

Son ya aire,

Ecos,

No las reconozco, aves de país lejano,

Volaban alto

Se alejaban de ellos,

Los emisores de sonidos,

Ella no divisaba sus estelas,
El estupor nos invadía,
Erais mudos testigos de un rapto,
Meros figurantes en un teatro vacío,
Gemidos, aullidos,
Ronroneos,
Cristalizaban en las aristas del viento,
Sonido armónico ahora,
Palabras, solo palabras,
Para mover el mundo sobran las palabras,
Para hollar por fin la senda,
Colmar la sed en la copa de plata,
Para acariciar la dama del unicornio,
Sobran
Palabras de artificio, articuladas,
Desencajadas, desarmadas, desleídas,
Y letras que se agostan,
Que apenas se iniciaron,
Se derramó la tinta en el mantel,
Se quebró la mina,
Se agotó la cinta de la máquina,
Palabras vacías de letras transparentes,
Y el silbido ascendido
Y el sentido huido,

Para acercarte al gran silencio,
Donde uno es sí mismo en la nada,
Y urge un esplendor
En la morada íntima
De volver a posarse
Y repisar la tierra
Y mudarse en un poso.

*

En el transcurso de un viaje
Suceden instantes
Desapercibidos, briznas en el camino,
Y la atención declina
En el rutinario desplegarse del espacio,
Y si la mirada se engancha en el dorso escamado de un
        tronco de palmera
Pasan al olvido o pierden la ocasión
Miríadas de estímulos flotantes,
Azar, vuelo de azor,
Determina la orden
Y envuelta la figura antropomorfa
En su sudario de sombra
No atina a desvelar
La constelación de brillos que la noche nos trajo,

La revelación que es cada nuevo día.

Los otros vuelos,

Y las demás alamedas de los demás paisajes.

*

Se refugiaba en la piedra pulida de mármol,

Hosco, glacial,

Invierno

Encontró una palabra

Lavada en un agua primordial,

Azahar.

Viaje en invierno

A ninguna parte más allá,

Que aquí queda el fuego

Y en el reflejo de los cristales empañados

Danza la comitiva de duendes

Y si los niños cierran los ojos

Besan sus párpados ángeles

Y una nana les mece

Entre estrellas

Y un búho burlón

Abanica la noche,

En los carbones, ascuas

Y una espada de frío
Dibujando mandalas de cristal.

Cuando morí
No sabía leer aún las palabras de las cosas
Y me fue dicho, déjate, estate,
Y supe ser aceptado.

Nunca pudo saber
Que era una figura de arena que lamen las olas
Y que las gaviotas hollaban la vía láctea
Y que ella era el límite, como la abandonada playa,
Entre el mar y la tierra,
Y que el tiempo de sus paseos
La hizo confundirse en brisa,
Nunca, si quiso ser roca,
Lo pudo lograr,
Porque era el aire
Cuando faltaron las palabras
Y se dejó,
Alga, vaivén,
Sólo burbuja
El brillo,
La última lágrima, la última sonrisa.

El príncipe de la iglesia

Malpaseó su flato en la trivial virtud de su desmesura
    perimetral

Y en el mismo paisaje

La bendición del Cielo llegó

Al indigente sentado en una esquina del invierno

Acogiendo agradecido

El maná solar.

Todos los nombres.

En la intersección entre pluma y papel surgen todos los
    nombres,

En las manchas de colores están todas las cosas,

Todos los conceptos son estos dibujos,

Ecos de un caballo, huellas azules de las bestias fauvistas,

La inocencia de trazos infantiles se entrecruza y rompe
    las redes.

Aquí está el pulso de su mano, mi aliento se ha vuelto un
    pulverizado blanco,

Este recrear universos entre el juego y la lucha

Para poseer un palmo de cartón, para el ofrecimiento
    ritual

Donde lo hecho se hace y se deshace
Esquivo, lucha por esconderse
En el acrílico restallante, las veladuras disolventes,
En el círculo de fuego,
En la estrella de agua,
El último nombre.

*

Campo de batalla,
Baten los tambores su implacable redoble,
Apenas una brisa ondea las banderas
Y es entonces cuando se derrama la revelación
Para alumbrar esos rostros sombríos,
Multitudes interminables, ejércitos en alerta,
Y nuevo Arjuna, por la Gracia de Krishna,
En esos precisos momentos en que el tiempo está
    suspendido,
Tensa la cuerda, congelada la saeta,
Un acorde eterno,
La palabra penetra la carne entumecida.
¿Cómo en la inminencia del horror
Se abre la vía, a través del sufrimiento?
Compasivo, un dios se hace humano
Y deifica el barro,

La lucha es contra ti mismo,

Para la disolución de lo más íntimo,

La aniquilación de todo accidente,

Y dejamiento,

Y renuncia,

Y aceptación.

*

Braceando entre dos aguas en la incertidumbre

Creyó divisar un hilo rojo salvador, filigrana y
hermanamiento a otro hilo blanco,

Enredado en los frutales de la arcaica tierra búlgara,

Replicado en las tradiciones que manan en el extremo
de oriente,

Tejido de las hadas,

Pero el filamento se disuelve en su tela,

Y cuando la razón se aburre

Pensó en imaginar,

Era una cinta flotante en la claridad de una flauta,

Adagio que se demoraba,

También el brillo en una esquina,

Paisajes de la arquitectura, por fin humana,

Y ese amor a las raíces,

Y ese gustoso deleitarse en las páginas de enciclopedias
     etimológicas,
Para desovillar el caos
Y encontrar indicios
Como cuando la mar por fin te acuna
Y no importa si, cadáver o lúcido,
Que juega su último juego,
Desencarnarse,
Entras más allá del cosmos,
O aquí
O ahora.

                                    *

Una exposición colectiva,
Estás en la foto,
Tu imagen se proyecta en la pantalla,
Tu yo se ha hecho añicos en el vertiginoso friso
     polícromo,
Somos, éramos también,
Sombras
Vibrando en las partículas
De un aire iluminado por reflectores,
Somos colores, rumor,
Pulso,

Rueda giratoria, mandala, molino,
Donde muele la creatividad,
Veleta que apunta
A un jubiloso vacío.

*

El sueño de Alicia,
Bajo sábanas se agazapaban
Heterogéneos objetos, el azul ultramarino acunando las
    olas,
Un conejito blanco, la brújula, juguetona, dando puntadas
    al aire, brillante,
Su pequeño cofre saturado de canicas,
El libro que nunca pudo ser abierto,
Y cromos de princesas y dragones.
Y más indefendible, la otra realidad
Cuajada de sudor y de sangre,
Traía lo inexorable,
Se encontraba alojada entre las páginas
Que aún no pudieron leerse

Ya adulto, Guillermo observaba
Las instalaciones de los avanzados centros del arte,

Y en el caos programado, en ese entretejer de la sorpresa
    y el oficio,

Encontraba las claves,

Telas pintadas, restos de plásticos transmutados en
    formas esquivas,

Cuerdas que pudieron ser redes de arañas o sogas para
    ahorcarse,

El premio de metal relumbrante caducado,

Cetro y corona de cartón para quien creía querer ser Dios,

Encontraba las claves

De sueños pasados.

*

Águilas navegaban un cielo antiguo,

En el incoloro acuario los peces de plata levitaban,

Todo era un surco trazado por una mano indecisa,

Estela en la nieve,

Raya frágil delimitando espacios, frontera leve, silbo,

Indicios,

La tardía señal de un itinerario que no se mantiene,

Incertidumbre en el mapa,

Vapor de avión segmentando el aire,

Señal sin código,

O barrera,

Y una duda que mana de fuentes profundas,

De los oscuros colores y minerales subterráneos…

   … o detenerse?

*

Muñecos rotos,

Una bala clausuró la puerta de su cielo,

La última nana acunado en un mar amoroso,

Aire de vapor de metal caliente,

Moscas para romper el brillo en sus miradas,

Condenados sin culpa,

Pétalos en el fango del pantano,

Ella no sabía aún entender esta lluvia que trae la metralla,

Los niños jugaban con balones de trapo,

Polvo en el viento, y siempre la inminencia de un
   ominoso motor,

Así es el mundo que esquilmamos,

Él era muy niño aun cuando vino a buscarle el silencio,

Y en el cerrado horizonte, ausente de palomas,

Se cerraba también, otra vez, toda esperanza.

*

Te irás sintiendo musgo en las llanuras azotadas por el
   viento del norte

O rastro de animal amenazado,

Intangible y compasivo,

Serás también el aire, y la sombra que duerme al cazador,

La lumbre para orientarle en la noche de su duda,

La calculada ignorancia de las pequeñas cosas,

Que laten acompasadas,

Engarzadas en ese brillante brazalete lácteo

Que nos abraza.

*

Ese deshacerse de las velas, las flores y coronas,

Ese declinar de la luz en las esquinas,

No bancos de piedra, no fuentes,

Ausencia de parques para los dolientes y los enamorados,

Esa reducción,

Desapasionada,

Ese desaparecer del escenario,

Y que las ramas de frutales se desborden ajenas,

Ese deslizamiento hacia la nada,

Mientras el mundo ignora su descarrilamiento

Y aquel apagarse de bombillas,

La falta del aire que nos envuelve y moldea,

Y la disolución de la tierra que pisan nuestros pies,

Ahora que nos vamos,

Ahora que los niños jóvenes son ya adultos viejos,

Y palmotea el anciano como balbuceó de niño,

Porque llegan los nuevos tiempos del tiempo sin tiempo,

De la cosecha,

De la espiga grávida en la mano,

De la luz cenital,

Alguien le dijo déjate llevar,

Y ahora es agua contenida en una fuente primordial,

Ceniza que es viento del viento,

Sonríe,

Liberado de la conciencia,

Es el mundo, la roca, la mano, la tecla, la letra, la página,
        la luz.

*

Se escurren los acordes de vihuela

En el agua cristalina del Darro,

Sueña el río un aire de jazmines,

Qué tierra de nostalgias

Fue entonces un paraíso,

Y donde se asomaban a los altos miradores

Ángeles curiosos para espiar a las huríes,

Qué fue de tanto fausto,

Cuando no queda eco del rumor de fuentes,

Y si Dios se esconde en los pliegues de la geometría,

Acallaba el alarde una contenida penumbra,

Amor, amor, amor,

Cárcel de amor en la encalada ciudad,

En la roja fortaleza,

Y fulgor de armas se rendía

En el umbrío paseo de almendros,

Porque tanto deseo confundía la mente,

Y quien todo lo probó, confía en la discreción de su
retiro,

Sabiduría de perderse en el perfil alado de cipreses,

Ecos, canciones perdidas,

Que fueron un quejido, un requiebro,

Y yacen en libros empolvados,

Florilegios, coronas, colecciones,

Sangre llama a sangre,

Sobre la fe tiende su frágil puente el amor,

Y un tránsito leve despoja de nieve las laderas del
invierno,

Huertas donde la maleza invadió tanto tesón,

Estanque seco, alberca despojada de azulejos,

Esquiva, la mujer velada se oculta en el recinto,

Y el caballero de nuevo cabalga

Un dolorido corcel de congoja,

Entregaron las llaves en la despedida,
Se alejaron como amantes despechados.

Como reyes destronados,
Como granada que grano a grano se desgrana,
Y se disuelve la tinta de la carta de amor en el aljibe
      arrojada
O en humo se evapora olvidada a la brasa.

Y la alianza se pierde en el fondo del pozo,
Arrojada por amor desamorado,
Y huecos aparecen en él, saturando el presente de vacío
Y se inundan de escenas las dolidas memorias.

Pero un compasivo sentimiento
Alienta de esperanza el corazón helado,
Y el presente luminoso abre la puerta
Y le toma la mano, y le vuelve al camino.

IX Juguetes

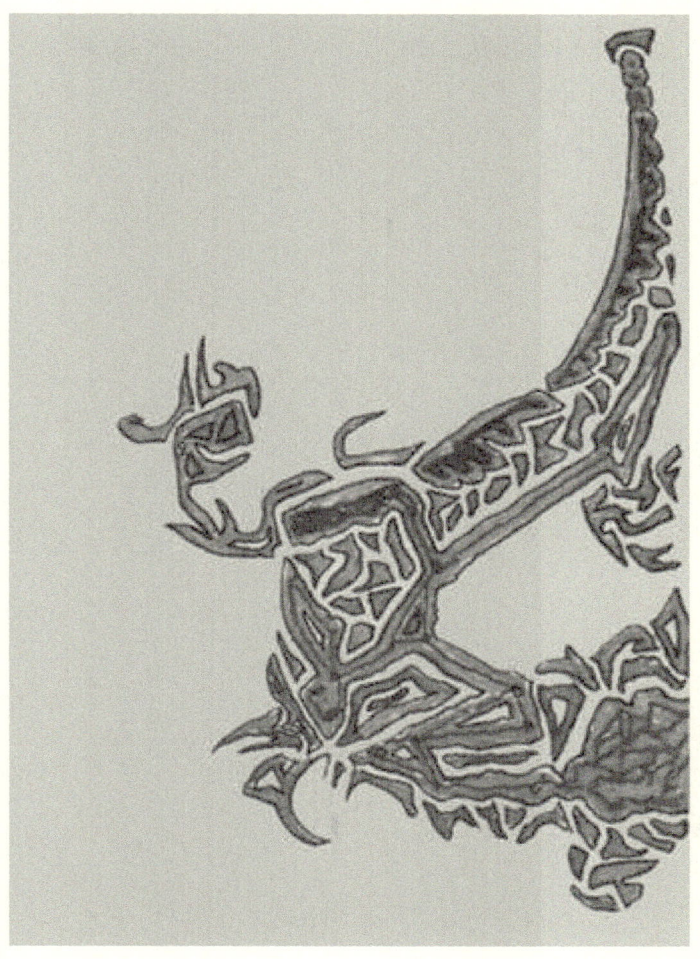

Juguetes,

Somos y nos jugamos,

Piezas de un engranaje en la mano del niño,

Y ese niño que somos nos mima o nos golpea

Y así, pandero, tren, soldado, comba,

Muñeca y pelota giran en el tiovivo luminoso y colorista,

Brillan por la linterna que sostiene su mano,

Y a veces nos cubre la tapa del arcón más oscuro del
     olvido,

Amor cruel de niño caprichoso,

Somos, eras, será,

Esos juguetes rotos que nos ignoran

Y que arrepentidos, soñamos en los sueños.

*

Vasija de barro,

En la penumbra sobre una mesa de madera,

Vibra en su superficie

El azogue del agua,

Evoca,

La eternidad de cada instante,

Sumida en la quietud,

Aceptada,

La calma de la tierra,

Alivio de la sed en el rincón propicio para guardar
silencio,

Para quedar callado,

Sombra junto a la sombra,

Y cielo,

Junto al cristal.

*

Polifonía,

Aire impregnado de otras épocas,

Música de las piedras sagradas,

De ángeles, arcángeles, querubines y serafines, tronos y
dominaciones,

Ese arco se dilata en azules y turquesas de miniatura,

La curva enrevesada de los breviarios se enreda en la
bóveda cuajada de arabescos,

Humo perfumado de inciensos lejanos,

Onda sinuosa, almíbar,

Nos alcanza y arrastra,

Para ser hojas en la levedad del céfiro,

Y brillar con el oro viejo de los iconos,
Y sentirse ir,
Tan lejos…

*

Escribió las últimas líneas de un farragoso párrafo, guiado
por un afán de ornamentación y sin darse cuenta, se iba
hundiendo en las procelosas páginas de su prosa, sin lector
posible, quizá rebeldía o enroque a los tiempos barrocos,
y una oscura tristeza manaba de sus páginas grafiadas,
espejos deslustrados donde el reflejo volvía al rostro
impregnándolo de oros añejos, pátinas craqueladas de una
sal de cobre y verde venenoso, contrapuntos audaces para
las cortinas de terciopelo en los cuadros de un anacrónico
Ticiano, y el elixir devenía brebaje de brujas, adelante, el
camino está abierto a temerarios y desesperados, no quiso
pensar, se deslizaba en la barca de Caronte y dejaba su
mano surcar la superficie del río de los muertos, y por
momentos, florecían joyas de insólito brillo que alhajaban
su caligrafía y puntuaban con signos de decadencia los
trazos sepias en la superficie de blando papel marfil.

*

Una gota de cristal,
Nieve sobre la superficie dormida de la tierra,
Sólo un aura rosada destiñéndose en el horizonte ártico,

Y silencio de pasos levísimos,

En el dilatado espacio transparente,

Así era el paisaje que dibujó su pluma,

Lejano,

Y aquellas rayas-juncos, aquel aire helado, traían el olor

A sal y a las flores de hielo,

Estremecido cuchillo de frío en el espejo de la hoja
     blanca,

Y las huellas borradas en la ventisca,

Y los pasos detenidos cuando se rompió el tiempo.

Y en su universo seguía lloviendo,

Largos surcos lamiendo la tierra anegada,

Y levitaba una sensación de flotar

Agua en la niebla, alma en el aire,

O un desgranarse en grumos de arena del yo residual,

Y quedaba después un rumor que ya no era suspiro,

Un aliento sin dirección,

Pulso,

Y el barro primordial volviendo al seno del mar

Y ahogarse dulcemente,

De la felicidad de lo inefable,

Sellados los labios en el granate más tardío,

Y la mirada más fría de cristal de lágrima,

Para cumplirse los textos más antiguos,

Y sólo le queda al hombre terminar

Y nubes te abrazan, y eres otro,

Le ves un animal mínimo,

Compasivo,

Sabes

Y vas.

*

Tiempo para la nada,

Manual de ayuda a bien morir,

Ramas de zarzamora en los recuerdos de su adolescencia,

Viento helado para abrazar su rostro,

Y un no saber ir,

Pero huir... ¿de dónde?

Aquellas manos de dedos entrelazados,

Y el día de mañana cruzó un agujero negro,

Y ahora ya es nunca,

Si no fuera por la terca insistencia

De las pequeñas cosas,

Volviste a ser pequeño, con el miedo y las cosas
        increíbles,

La magia en las paredes, la señal de la sombra,

Polvo en el aire de sol tornasolado,

El ruido de lluvia cuando hervía la sartén,

Los sueños que no quisieron acunarle,

Y ese galope tendido de caballo ciego,

Y luego fuimos yendo, con el paso cambiado,

Aunque, amable, la vida nos acompasaba,

Y siempre hubo las flores que se fueron abriendo,

El amor flotando, enamorarse,

Azul,

En el mundo que construimos sin cimientos,

De las puertas abiertas, de los brillos,

Y ríos y campos cubiertos de mieses,

Miel para vuestra boca ávida,

Labios,

Y encontrar el paraíso en aquellos abrazos que se fueron
        tendiendo,

Guirnaldas en un paisaje triunfal de tardes generosas,

Y luego la serenidad en los meandros,

La inminencia del reflejo del río en el mar,

Y aceptar que somos ya el mismo mar que nos espera.

*

Dos lunas,

El anillo

Y un tordo anidado entre dos troncos de abedules.

*

El gesto,

El hallazgo,

El regalo.

*

Tiempos vacíos,

Surgen como icebergs en el transcurso de los días,

Ocasiones para los espejos interiores,

Sin guía ni mapa,

Nada nos prometen, se abren a nuestra percepción,

Silencios incómodos para escuchar nuestros propios
        latidos,

Devolvernos a nuestra misma mismidad,

Solo que no existe nuestro yo,

Es hoja en el torbellino de un sumidero,

Brillo de una estrella que se apagó, si la hubo,

Y esa página en blanco,

Ese hueco, es el lapsus de un actor confuso al que han
        robado su papel,

Y la opción es dejarse estar y dejarse llevar,

Sin un para, sin norte ni objetivo,

Tan solo eso,

Tan solo,

Eso.

*

Anoche soñé que era un sueño.

*

Hacer el no hacer,
La partitura está vacía,
Pero en la esfera celeste
Las grullas dibujan pentagramas.

*

Y en este rincón del otrora florido pensil,
Las ausencias se mueven a su antojo,
En la penumbra del rincón, el brillo caduco de un búcaro
      de blanco esmaltado,
En los silencios de terciopelo, junto al diván, se escurre el
      último vibrato,
Agazapado plañir de vihuelas, los buenos tiempos que
      nunca existieron
Cuando la memoria se confunde en el duelo,
Y a pesar de todo,
Algo,
Está pugnando por romper el orden caduco,
Promesas que manan de continuo,
Para dar de beber

A este sediento bufón de corte
En un palacio vacío.

*

Miro a través de sus ojos el paso del tiempo,
Se mantiene su brillo en mi mente, es ahora aquel día
        inicial donde nací de nuevo,
Y esas arcas de cristal me contienen también en su
        universo,
Hubo un antes oscuro, y luego el vértigo de la conciencia,
Y confundirnos, cristal o espejo, en ese aire común
Y ser fuerzas, y una brújula imantada
En el espejismo, guiarnos,
De la mano, caer es gracia,
Y desde la materia
Se nos otorga el perdón
Para seguir flotando
En esa membrana entre cielo e infierno
Que se firma realidad.

*

Inmanencia,
Encontrar todo el apoyo
En la rama más leve.

La que antes se va a quebrar,
Aquella que ni en metáfora sobrevivirá
Se nos da como don.

*

Cigüeñas
En la mirada de un niño.
Trazos en el azul vacío.

*

El río del cielo mana de continuo,
La vía de la plata configura
El anillo del cielo.

*

Tañidos de campana, molinillos de oraciones, banderolas,
Juegan con el viento travieso,
Nos sobreviven.

*

Cruzar bajo el arco encalado era abrir la puerta,
En el zoco, le recibió un aroma de hierbabuena y comino,
Y el pasado volvía vertiginoso a inundarlo todo,
Era un niño que andaba curioso,

Y aquella luz se derramaba sobre las paredes blancas y
las sombras añiles,
Como sus ojos asombrados,
Pero el juego continuaba, ratoncito,
Vigilado por un halcón arrogante,
Y mujeres bondadosas abrían su penumbra para alojar
Al perdido viajero…

…de pocas cosas le supo preservar el olvido.

*

Una tormenta de sentimientos encontrados la asaltó.
Mientras contemplaba los alisos azotados por el viento
Pensaba que el amor era como un espejismo,
Y el deseo era solo un deseo,
La realidad, al alcance de la mano,
Y las primeras gotas de una lluvia de abril.
Luego, sólo, briznas de nubes
En el cielo vacío.

¿Qué deseo desconocido
Llevó a los seres primordiales a dejar las huellas de sus
manos,
Acariciar rocas, delimitar territorios,
Intentar salvarse del angustioso pasar,

Juegos de niños,

Pulverizado de magos,

O vestigios de una ceremonia sangrienta?

Están tan lejos de nosotros

Que nos encontramos en el siguiente anillo

Y nos toman de la mano

Y nos dicen: seguidnos.

*

Arboleda perdida de todos los cuentos,

Donde pace el unicornio que irrumpió en nuestro sueño
      compartido,

Hay aún esencia de violeta,

Y rubor,

Tan lejos el renacimiento, pero siempre el anhelo de
      volver a vivir

Esa historia que fuimos tejiendo, en el mismo aliento,

Y siendo lo mismo, confundiéndonos,

Fundiéndonos en aquellos viajes del alma,

En el roce de los cuerpos, vividos,

En la geografía de tu piel tras la oscuridad del poniente

Y las flores de sal,

Y esa paloma que duerme cuando el albor.

*

Poesía de la tierra, de la roca y de la piedra:
Presente continuo.

*

¿Qué observáis, desde vuestra mudanza, qué escenario se
dibuja
Ante vuestros rostros congelados,
Qué transcurre como discurso y se olvida al poco,
Qué otra expresión os podría hacer temblar?
Viejas máscaras de teatro, abandonadas al término de la
        tragedia,
De mirada ciega,
Dejad que me ponga tras vosotras,
Para daros mis ojos,
Y aprender a colgar mis emociones en la percha del
        camerino,
Y volver a saber
Que tras el telón acecha la mirada múltiple de un
        monstruo vacío,
Y sonreír por dentro,
Y desempeñar el papel hasta el aplauso,
Y que ese batir de palmas es una convención de millones
        de máscaras
Y que nunca llega más allá del umbral,

Y que la mejor escena
Es la acción de la no acción
Y el mayor premio.

*

Dos direcciones opuestas llevan al mismo sitio,
Seguir buscando en un avance imparable, ¿o huyendo?,
Cruzando paisajes y la rutina de tantos días horizontales,
Adelante, dejando atrás huellas transitorias,
Y el viento de cara,
Afrontar lo desconocido en un mapa sin rutas, dibujado
        por un niño,
Y la otra manera es descansar del camino andado,
Cerrar los ojos, escuchar la música interior,
Tejerse una morada,
Alojarse en el centro,
Y allí se encuentra al caballero andante,
Peregrino y posadero convergiendo,
Carne del viento y custodio de la llama del hogar,
Son la misma sangre,
Y ahora el acento se atenúa y laten blandos otros pulsos,
Porque la identidad se diluye
Y contempla
En su misma luz, la realidad.

Saborea la lectura con delectación, en la umbría de su
  celda,

Aunque al avanzar en los párrafos cree detectar

Una inaceptable ambigüedad,

Se le llena el paladar de un sabor metálico,

Detiene el repaso visual del pergamino,

Siente una súbita indignación

Porque la relatividad es el pecado,

Se mesa los escasos cabellos,

¿Quién es el osado

Que mantiene este discurso trufado de proposiciones
  heréticas?...

Ahora se incorpora del sillón frailuno y avanza lentos
  pasos,

Estabilizando el equilibrio incierto de su obesidad con
  andares cautelosos,

Las manos reposadas sobre la oronda barriga se crispan,

En el claroscuro de la tarde cayente,

Y la contrariedad le inquieta

Porque se está resquebrajando el muro de su fe,

Y para apagar el incendio

Consulta por enésima vez

Las pontificales palabras del Páter,

Y su alma vuelve al sosiego,

Porque a falta de fuego inquisidor,
Ha entregado tan venenosa lectura
Al celo protector de sus olvidos.

*

Aquellas llanuras destilaban un aire de abandono,
Ajenas al abrazo poderoso de montañas,
Ignoradas del remanso engolfado en los valles,
Yertas, parecían negar descanso
Al caballero andante,
Al niño explorador,
Al solitario errabundo,
Y sombras inmensas del último sol
Yacían desmayadas en la quietud horizontal de la tarde.

El copo de nieve
Cristalizaba en mágicas combinaciones de estrellas
Ante la mirada entregada del sabio.

*

Ya habían transcurrido muchos años cuando un día observó mientras pintaba sobre una cartulina utilizando múltiples técnicas que era más satisfactorio el encuentro fortuito con una nueva forma recién creada por el azar y ciertos condicionantes no bien conocidos, que el resultado de un trazo proyectado y dibujado con esmero, lo cual en sí hubiera podido ser sólo un pensamiento errante y luego relegado a olvido, si no fuera porque el foco de su atención cayó sobre este sorprendente descubrimiento, que si en un principio auguraba el refuerzo de sus veleidades experimentales, escondía por lo bajo un deprimente pesimismo vinculado a la desvalorización del yo racional pensante… y tanto para eso, tamaña singladura de pruebas, esbozos, diseños, creaciones multiformes cuajadas de una amplia gama cromática, para, al final, recalar en una dársena oscura para el concepto narcisista del yo en detrimento de lo demás, meras circunstancias… de modo que, más tranquilo, se dejó lleva con el instante, o permanecer, o confundirse en la mudanza de sentimientos e ideas, y fue de modo paulatino una prueba más en el ascenso, la disolución de la desilusión y una mirada para aceptar eso que era y que quedaba, esa asombrosa dualidad hermanada del dentro-fuera.

*

Rasgos conocidos

Se dibujaban en la críptica humanidad de Caín

Y a modo de espejo,

Le tranquilizaban, y en la identificación, podía por fin
    comprenderle.

*

Su rebeldía golpeaba paredes y a veces se escurría en
    lágrimas,
Enemigo demasiado poderoso,
Todavía no brillaba la luz para garantizar el camino
    cierto.

*

Paseaba su magia,
Esbelto, indiferente, sumido en la indolencia,
Mi gato.

*

El tiempo desmontó sus argumentos,
Las alas de cera, rotas, derretidas,
Corta la escalera para tanto cielo y tan lejano,
Agotadas las últimas entradas para la procesión,
Febril moda de las meditaciones,
El camino era ahora mantenerse en pie,
Eje vertical, transparente,
Vacío, mudo,
Transido de silencio
En la aceptación de la renuncia,
Y sentirse deshacerse anegado
En la insondable presencia de Dios.

*

Las múltiples lecturas de un texto,

Son evidencias de lo incomunicable,

Porque la palabra resuena en cada uno con un timbre
distinto,

Si hubo vivencias infantiles, que modulan lo
representado,

Si la pronunciación abre otras posibilidades en el sonido
peculiar de lo narrado,

El silencio intercalado,

Como rueda el discurso,

Quién lo puede escuchar ajeno a las tormentas pasionales,

Llama o agua,

Esas palabras enlazadas modifican el paisaje mental,

Para aceptarlo, sorprenderse, negarlo, llevarlo a lo
inaudible,

Archivarlo en las cajas de clasificaciones, desactivar su
perfume de violencia,

Volverlo seda y caricia para el roce del cuerpo, amor,

Aliento con cada sílaba, alma en el aire,

La pronunciación es sagrada, aunque también velo y
laberinto,

Para distanciarse de la nave a la estrella que se deja
buscar,

Palabras como ríos de palabras,

Lo que sonó, lo que alguien quiso querer recordar.

*

Soy estas palabras.

*

Su mundo se llenó de muertes y resurrecciones.

*

Y de golpe, la creencia amenazaba derrumbar su
      panteísmo laico,

En otro giro de la rueda de la vida volvieron a aparecer
      los mismos paisajes

Con distinta luz en el tiempo distinto,

Y se acordó de aquellos viajes, que muchos años después
      podría catalogar como astrales,

Pero que entonces eran aventuras cuajadas de músicas de
      campanillas

Y coloreadas luces intermitentes,

Sube y baja caballito, agarrado a la barra,

Eje vertical de ascensiones intermitentes,

Y en la sucesión de giros las caras familiares sonrientes,
      difuminadas,

Y otra vuelta, y otra y otra, caballito trotador,

Y ahora en la renovación de cada instante se volvían a
abrir

Infinitas posibilidades para vencer el tedio,

Y ni fe, ni razón,

Se desplegaba de súbito en él

Bajar a encontrar el paraíso en la tierra,

Para ella era como pararse a observar con detenimiento

El arbusto que permaneció incógnito custodiando el
borde de su paseo cotidiano

Miles de días pasados y que florece en su atención

Y le revela la posibilidad de ser mejor y de sentirse
mejor,

Él y ella aceptan, se reconocen y se integran

En el punto de vista lúcido donde puedes gozosamente
cerrar los ojos,

Porque lo mejor está siempre por venir.

*

La nostalgia adolescente triunfaba

Coloreando con tonos encendidos las carrocerías de los
vehículos protagonistas,

Motos y los primeros neones en las puertas de las
discotecas,

Fulgores en la noche irreal,

Y creaba una ruptura identitaria

Con todos los años grises que se llevó el viento,

Así, náufrago de sí mismo,

Cada hecho brillaba en una isla azotada de almíbar,

Y los barrotes oxidados eran lingotes del más fino oro

Porque estaba dentro de ella,

Cuando salió a pasear,

Esperando un sí definitivo, que nunca llegaba,

Aquellos proyectos hilvanados en el aire,

Y él en sus pantalones largos estrenaba sus, ¡quién lo iba
        a decir!, mejores años

(espejismo de la nostalgia que en años tardíos se quebró)

Y abandonaba para siempre la letra redonda y se
        enfrascaba

En los primeros trazos de una esgrima adulta,

Entonces la tinta olía,

Los tebeos llevaban a un "más difícil todavía"

Y la vida,

Inesperada,

Aparcó en su acera y le abrió la puerta.

X Yo

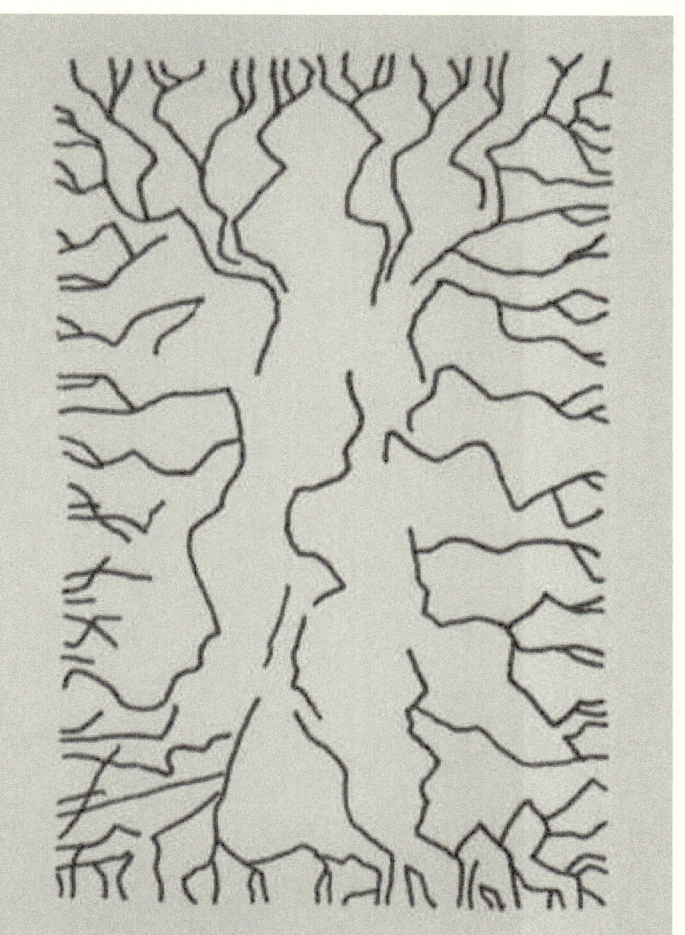

Yo, una sílaba, dos letras,

Yo, un espejismo deshabitado,

Yo, un pulso sin onda,

Yo, una pregunta sin respuesta,

Yo, reflejo en un espejo opaco,

Yo, construcción de manos ajenas,

Yo, artificio y simulacro,

Yo, lo otro en mí,

Yo, la palabra que no puede salir entre mis labios
        cerrados.

*

Zapatos gastados,

Agrietados en la compostura del tiempo,

Sobreañadidos los colores de un clima cambiante para
        jaspear el betún inicial,

Viejos zapatos que me han llevado amorosos

A las aventuras en que consiste mi vida,

Una entrañable gratitud

Es la respuesta a tan generoso servicio.

*

Me observan:

Un niño, ave de ala herida, con mirada vivaz,

Un adolescente triste,

Un joven rebelde en la lucha por desbrozar su camino,

Un médico rural anárquico y enamorado,

Un psiquiatra buscando su lucidez,

Un pintor en el juego y la aventura,

Un escritor reticente que escribe estas palabras,

Un hombre mayor que aún cultiva la capacidad para el asombro…

*

Tratado de la imposibilidad del conocimiento,

Construcción ciclópea con un regusto de amargor

Porque no se alcanzó el cielo ontológico,

Quedaron descuidados los silogismos,

Las tesis mal encaminadas, confundidas las antítesis

Y con una ausencia clamorosa de toda síntesis,

¿Qué quedaba?

Tirar piedras como argumentos los niños rompiendo charcos,

Corretear en la indiferencia cósmica,

Volver a la benéfica rutina de pesebre y sillón,

Esgrima en el artificio del arte para el deleite,

Validar lo anodino,

Y olvido,

Clausurar la compuerta,

Porque la verdad es peligrosa y todo lo rompe, esquemas
por los suelos, añicos,

Ojos deslumbrados para una sociedad amaestrada,

Y seguir así,

Como vivimos.

*

A través del microscopio

Se abría un mundo fascinante,

En el gran círculo luminoso vibraban paramecios,

Corpúsculos se dejaban llevar en la corriente líquida,

Y minúsculos arcoíris se posaban ocasionalmente por el
misterio de la difracción

En los campos observados desde la alta sensibilidad de
adolescente cautivado,

Universo blanquinegro,

Microcosmos que abría puertas a nuevas concepciones
del mundo real,

Y eso era una revelación

Un día que yo tenía 13 años.

*

Campo de una nostalgia indefinible

Donde la belleza herida de dolor alcanza los límites del
vasto horizonte,

Se escurre arroyo cristalino agua donde espejea un cielo
de plata vacío,

Romanza desbordada de violines desalmándose,

Música que anhela ser término,

Sol en el ocaso.

*

Ramo de azucenas

En una vasija de cristal,

Resurrección.

Amanecer brumoso…

… ¿O quizá es el inicio de la noche

Que nos engaña?

*

Somos tan solo el reflejo

Del agua mudable

En la vena oscura del río.

*

Persisten las señales de incierto significado
Aunque ahora todo es distinto y se perdió la traducción,
Pictogramas intensos y breves como deseos, ornando la
    cueva,
Si acaso un hálito de esperanza
En la humedad amorosa, tapizada de musgo,
De volver a encontrarnos.

*

Apretó el gatillo,
Cayó al suelo,
Una cinta roja manaba de su sien.

*

La palabra nació en el balbuceo de un niño de pocos
meses,
Custodiada en su interior,
Y cuando llegó su término muchos años después,
Aún pronunciaba sílabas desarticuladas, ininteligibles.
Su significado se había escapado ya entre sus labios
    violáceos.

*

Quien había utilizado como brújula su carácter analítico

Tarde venía a descubrir la jaula que le separaba de la
vida.

*

A través de la áspera cabellera de la noche

Se adivinaban las primeras estrellas,

Agujeros que permitían vislumbrar la esfera de plata
inicial.

*

Eterno retorno,

Agua lustral en los materiales de la vida,

Se dejaba inundar por dentro,

Transparente envolvía una película de celofán

La exquisita caja de dulces,

Le cubrían las alas benignas de una conciencia plena,

Y todo eran brillos detrás de su guerra,

Resurrecciones sucesivas para repetir la comunión

Y el silencio, y lo pleno,

Y una cinta violeta y unas tijeras,

Y el error de las reencarnaciones,

Y la paradoja,

Y olvidar que una vez supo,

Y saber que una vez olvidó.

*

En sus ojos estaban cerrados el brillo y la lágrima.
Se revelaba
La imposibilidad de la palabra perfecta.

*

Les unía la extrañeza ante un mundo inminente,
Tablas de naufragio, la incertidumbre dolorosa,
Y el sentimiento de saberse distintos.
Eran los días idos, como vencejos del verano herían la
    pupila asombrada,
Como brillos en la superficie de las pequeñas cosas sobre
    las que reinaban
De un sol resplandeciente y ajeno.

*

Aurora dormida en los brazos de la noche,
Yo, el oscuro,
Sueño despertar.

*

Laberinto, corona de espinas, trenza de rosas, bosque de
    juncos, maraña de caminos, el interminable
    sucederse de las páginas del libro, caleidoscopio,

mandala, río donde convergen todos los ríos,
irisaciones sobre el mar de petróleo, refluir de
océanos de plástico, las engañosos pétalos del
crisantemo, vértigo del molinillo de oraciones, las
hiladas de un telar inextinguible, hipnóticas
protuberancias solares, lentas caravanas de dunas,
icebergs a la deriva cuando el mundo declina,
turbulencias del viento imparable, cruces de
senderos de boj recortado, cada momento es
umbral y término, cada lugar, vía de tránsito.

*

Calles vacías, en el lomo de asfalto, el agua de la lluvia
    reflejaba estelas, luces de la ciudad. Era un instante
    y sintió el vértigo de la nada.

*

Poliedro de cristal, transparente, diamante interior, vacío.
Lo aparente sólo es el reflejo de sus múltiples facetas.

*

Sombras de ojos
Turquesas, oscuras, brillantes,
Fustigan un desmedido amor.

*

Su escepticismo
Era tamizado
Por una rara frecuencia para emborracharse de realidad.

*

En el recuerdo, el lago
Permanecía recóndito, y se aguaba el paisaje en un aire
	verde y untuoso,
Aroma de musgos bajo el dosel de un jardín que era un
	bosque,
Y una inmensa tristeza de existir se consolaba
En la belleza hipnótica del lugar.

*

Volviste a casa, habían pasado los años y pesaban porque la ausencia fue la pérdida, paraíso ido de los juguetes rotos, aún se acordaba, te acordabas, de unas sábanas blancas con reflejos de azulina, del caleidoscopio y del olor a carbón, las manos de colonia de mamá, algo blando que le abrigaba, y los duelos y las despedidas, tantas puertas que se iban cerrando tras de su maltrecha humanidad, mamá en su bata rosa picando queso de bola con su vasito de vino sonando Glen Miller y su orquesta mientras a través de cristales esmerilados de la puerta de su despacho veía a papá trazando rayas fronterizas en sus mapas, siempre promesas que se fueron cumpliendo para nada porque la rueda de la vida no giraba a su ritmo, como se ovilla una madeja de lana en los rituales previos al siguiente jersey de lana, años inhóspitos, mientras el mundo crecía con él, con ella, y luego las cosas cada vez fueron más indistintas, pero vino la paz amable de empezar a encontrarse en los demás, sentirse objeto solidario en el entorno, como folía de vihuela volvía un poso de armonía en su, tu paisaje interior y se dilataba en una aceptación su querer y su vida. Eso que luego identificó, identificaste como desprendimiento le permitió, te permitió reencontrarte, con la edad volvías a recibir un regalo inesperado, la paciencia, la serenidad de las estrellas y saber disfrutar cuando te guiñan sus ojos maliciosos.

*

Ojos brillantes,
Bajo la luz girada de estrellas violetas,
Abrían el camino.

*

Abandona el dogma, hermano,
La infantil pretensión de certeza,
Todo es tránsito.

*

Las imágenes religiosas se agolpaban en su corazón,
Escudos,
En la ardua batalla de la fe.

*

La creencia florecía
En el último rayo de sol
Una vez agotados todos los plazos.

*

Caudal de agua profunda
Se vierte en el regazo del valle,
Una fiesta de libélulas agita la indolencia en el bosque de
    juncos,
Espejea el aire tibio de la tarde.

*

El buscador de hallazgos busca una palabra de rara
    sonoridad
Que contenga toda la esencia:
Azahar.
Posee el alfa, posee el omega,
Tres puertas abiertas al mundo,
Un intervalo silencioso
Y el final vibrante que remueve la calma.

*

El inquieto y bravío oleaje arrastraba conchas blancas,

Depositadas sobre las arenas de la playa que aparecía
    siempre en su recuerdo,

Así palabras sueltas, ideas deshilvanadas, restos de
    procesos mentales desconocidos,

Afloraban a la conciencia de quien abandonaba el sueño,

Y eran el esqueleto que se iba adornando, engarzando en
    sartas de palabras,

Construyendo su lenguaje,

Incierto de algas, movedizo en el seno de un mar
    primordial,

Cualidad de espejismo,

Configurando de nuevo su mundo paralelo.

*

En la oquedad de escritos añosos salvados
    milagrosamente de la hoguera

Encontró su paz.

*

La falta de fe era humo en su cielo.

¿Qué fuego producía ahora este paisaje desolado?

*

Cielo de piedra,

Sol en el agua,

Aire de luna.

*

La espada en la diestra, hombre poderoso encerrado en su
armadura,

Y en su interior, aljibe

Y un cerco de palomas.

*

Galería de espejos de recuerdos oblongos,

La realidad se manifiesta invisible

Y la falacia del yo es una imagen en sucesión de figuras
idénticas

Que le esquivan o le amagan.

*

Comenzó mi amigo a escribir largos párrafos acerca de un
tema que a él se le antojaba relevante, y se prolongaban las
sesiones amanuenses describiendo lo que interpretaba
como hallazgos verosímiles a partir de improbables
conjeturas, aunque seguían saliendo líneas de palabras
entintadas que configuraba como una carta reveladora de
designios por cumplir, y colocó en este texto siempre
incompleto el sentido de su existencia, el corolario a tanta

desventura que le liberaría cuando alcanzase la culminación del documento epistolar, alargado ad infinitum cual tapiz de Penélope que se autojustifica en la acción per se y los argumento se iban desglosando, trenzando líneas en párrafos conminatorios y adquiriendo un tono profético que trascendía la rutina y en el proceso se fue olvidando del argumentario y las manos se movían autómatas y la mente se iba olvidando de vivir.

*

Tiempo de silencio,
En sus ojos se insinuaba como brillo oculto entre la
      sombra un destello de psicosis
Pero una compasiva empatía restableció el equilibrio y le
      devolvió la dignidad
De las personas susceptibles de amar y ser amadas.

*

Una cigüeña en equis
Despejaba la incógnita
Y traía invencible la primavera.

*

¿Aún se mantendrá en pie el viejo casino,
Asediado de nubes atlánticas

Y prendido a una nostalgia incurable
En Ericeira?

*

Temía irse convirtiendo
En el personaje literario de su propia narrativa.

*

El robador de recuerdos le dejó el alma plana
Y cargó con toda una historia de pesadumbre.

*

Viento azul del Atlántico,
Aliento oceánico que lame las casas pulcras de Ericeira,
Sus paredes encaladas,
Enmarcadas por un azul intenso, profundo, brillante,
Azota su cara y le convierte de nuevo
Tras el bautizo aéreo
En una criatura acogida
En un mundo elegible.

*

Uno, el maestro,
Uno, el discípulo,
Una, la doctrina.

*

Los niños que fuimos corren de nuevo persiguiendo
    palomas en la calle adoquinada.

*

Las hermanas discutiendo son un gato reflejado en un
    espejo.

*

La atomización desleía los trabados textos y el resultado,
Frases sueltas, cintas para el capricho del aire,
Citas, consignas, sentencias,
Flotando ajenas a todo receptor.

*

En una esquina de la memoria interior
Custodiado un reflejo,
Parecía el sentir en la diagonal del tiempo,
Cuando se huye de todo significado,
Darse para protegerse de la identidad,
Parecer ser en cada momento,
Efímero ad aeternum.

*

Una rosa amarilla
Cuando mayo se abre
Es al fin entregada
Por una mano blanca
Al seno del otoño.

*

Ya viene, niñas, Mayo, después de Abril galano,
Qué tristeza de fuente, que seguirá sonando,
Qué agua desmayada y qué flor en el búcaro,
El amor contenido, el dolor expresado
En el duelo del agua, en el cristal del vaso.

*

Quejas de violines
Y acordes dulcísimos de arpa,
Se dilata un horizonte desolado,
Paisaje después de la batalla.

*

Dijeron de él que estaba presto para la aventura,
Pero no pudieron conocer
La pasión secreta de encontrar la puerta

En el añil tornasolado de la tarde,

En el perfil amigable de ese árbol anónimo que nos
    cobija,

En los cantos de las aves cuando miraba un cielo neutro,

En el viento frío para mitigar su sed y hacer más
    brillantes sus lágrimas,

En el calor que la manta le cedía de otro cuerpo en otro
    mundo,

Y por eso percibía la vida

Como un inmenso queso de gruyere,

Taladrado de pasos, puentes, vías y caminos,

Y supo que ese aliento de ir de paso,

Le confortaba, le hermanaba con la materia primordial,

Y que el camino se deshacía en el camino,

El nudo se desnudaba

Y venía a recobrarle el innombrable vacío para hacerlo
    suyo.

Oh, triunfo de la inmanencia,

Brillo de sí mismo,

Todo y solo realidad.

*

En el umbral de la noche,

Vía láctea, aún tornaban el camino

Miríadas de luciérnagas.

*

Otros pétalos de nenúfares
Flotaban indecisos
En la fuente circular tapizada de musgo.

*

Hallazgos
Para quien ya no quiere encontrar nada
Porque dejó de ir
A la búsqueda de su sentido.

*

Ella creyó
Que se olvidaba de algo
Y que debía indagar
En los capiteles trenzados de hojas de acanto,
En la amable mitología para acceder a Titania, amada del
        rey de los elfos,
La realidad devenía múltiple y embriagante,
Enredada en el filo de oro que orna una inicial gótica,
En el esplendor del aire poniente que besa los museos,
Aunque también oyó hablar
De la vieja anarquía y de la fulminación del orden,

De los incendios majestuosos donde hubo bibliotecas
    colosales,

Galopaban castigando la hierba hordas que manaban de
    su propio cerebro,

Y una nueva elección, atroz, entre la dama y el tigre,

Se comenzó a perfilar en su conciencia,

Tábula rasa o cultivo reverencial del conocimiento,

Esa era la pregunta.

XI Recuerdos

Quizá no desaparecen del todo nuestros recuerdos,
Quizá esa capacidad de ser perdura en otra dimensión,
La realidad pudiera retornar a modo de bucle
Y realizarse en la repetición de sí misma,
Frente a la angustia de la finitud surge ahora una nueva
    amenaza,
La serpiente ilimitada, el giro innumerable de la rueda de
    la vida,
La perpetuidad de lo humano,
Huir sería no un oprobio, más bien lo necesario,
Y fútil, el esfuerzo de la rememoración.

*

Logos,
Sentido, palabra, orientación a través de la boca amorosa
A un mundo que se abre a una pléyade de significados.
Y luego, o antes, la acción, el "Hágase",
Y se escinde la senda a dos vertientes opuestas,
¿Cómo salvar la sima, el abismo de lo innominado,
Para instaurarse en el seno de un corazón puro?

*

La puerta está ahora abierta.

Invita.

La sombra en el umbral ha decidido esperar.

*

En la caja de madera se alojan numerosas piezas, abalorios diversos, hilos enlazados a manos, cabezas y toscos vestidos realizados con papel pintado, en este periodo de tiempo dilatado el hacedor debe elaborar los distintos personajes para su pequeño drama, él es el autor, el protagonista y, expandido, el público que le acoge como se acoge a sí mismo el animal herido.

*

Él construirá con rudimentarios versos un poema inteligible, o por lo menos, jugará a encontrar una sonoridad aceptable para atenuar el ruido de fondo de esta sociedad, nube gris, perspectiva irrelevante, lo anodino, el licor insaboro en un cáliz manchado de posos, y conjeturar si acaso historias alternativas.

*

En aquel vértigo de contrarios
La polis se dejaba inundar, ¿naufragio?,
Por un aire balsámico envenenado de inciensos y resinas.

*

Las religiones mistéricas florecían en el margen,
La clara línea se deslizaba sobre el mármol,
El orden, proporción áurea, vestigio y quimera
Y lejanísimo retumbar de carros de combate amanecía
    por Oriente.

*

Había múltiples caminos, pero convergían en uno,
Y esa vía sagrada era invisible,
Amorosa posesión de la nada.

*

Volvía a encontrar en la mirada de los otros
Más que laberinto de miradas de unos ojos de cristal,
Una cálida caricia.

*

Sentir, acariciado el rostro,
Un amoroso corazón latiendo
Y un tibio beso mecido en el regazo.

*

Nostalgia,
Fondo áureo de las laicas religiones
Que nos envuelve en lo bello
Y nos otorga el sufrimiento de su pérdida.

*

El contador de historias era contado,
En los vislumbres, percepción intensa y fugaz
       cortocircuito del estar ahí,
Las grietas del sucederse,
A través de su propia historia, llegó a descubrir
Que él era el otro.

*

La rama dorada,
La fuente de los tritones,
El céfiro.

*

La realidad no nos reconoce,
Paseamos, espejismos,
Cristal, sombra, humo,
A través de un jardín en donde los senderos se bifurcan,
Y los hechos nos atraviesan.

*

El instante era sagrado,
diamante único de acerado reflejo,
Su nudo de aristas, roto,
El tiempo, disuelto, sin soporte,
Abierta la rosa de los vientos,
Y un astrolabio se olvidó de mensurar el cosmos,
Cantaba el pajarillo al monje,
Mil veces mil años era nada
Y todo era bueno.

*

Aunque el campo visual era un lago de nubes y fondo
acuoso, cortinas de lluvia pulverizando el brillo gradual de
la tarde, suspendida en el aire una escala ascendente
enroscada en gemir de violines y cuando el arcoíris vira a
un azul profundo, aún hubo un momento para el sosiego,
el desprendimiento de todo artificio, la rendición a la
belleza efímera de aquel, de todo momento.

*

Oración al dios de las pequeñas cosas,
Sentirse mínimo y amigo,
Gratitud y compasión.

*

Anclé en su profundo corazón,
Soy un pez observando el brillo de la luna en el agua.

*

Caverna,
Olor a piel tibia y sudor, humo desflecado, reposo de la
    hermandad,
Una nostalgia de útero santifica el lugar.

*

Añil azul profundo mar,
Estrella en la noche láctea de los mapas perdidos,
Un pulso de góndola trae sosiego en la cuna mecida.
Soñó
Que el cálido instante se dilataba en la negrura
Y no había fin en aquel bienestar.
Duerme, duerme, niño que vuelves a mis brazos
Deshecho, desarmado, herido,
El tiempo retrocedía
Dejando un perfume de algas en la resaca de su océano
Y un dulce aliento aromaba esa equivocación de su
    memoria.

*

El prestidigitador tomó una carta y esquivó un verso,
El poema era
Naipes de dibujos extraños en el suelo.

*

Crisantemos dorados se derramaban en la noche de
    artificio,
Bandadas de sombras aterradas de pájaros
Y espanto en el aullido melancólico de un perro.

*

El mal se disolvía como un azucarillo
En las aguas de pasadas tormentas.
O no lo hubo, o era solo error o ignorancia,
Y aprendió a saber
Por indicios sutiles que llegaban a ella
La persistencia en las pequeñas cosas,
Sobrenadar en el algo,
Sobrevivirse a costa de un cansado hastío,
Aunque luego su conciencia se dilataba en claridades de
    diamante interior,
Y se abrió a la paz de su cuerpo, campo de amanecer.

*

Jardín cerrado, un aroma de lluvia, las hojas barnizadas de perlas aleatorias, en la oquedad del rincón de sombra, alhelíes humillados, barro, madre tierra, algún eco de algún pájaro en algún hueco, huido, bancos solitarios, la calma, el rumor y ejércitos de arbustos cautivos, una pérgola de pasos perdidos y el cenador agobiado de glicinias.

*

Manantial, razón para creer.

*

Tijeretazos haciendo trizas el papel escrito, collage aleatorio, recombinación de los múltiples aspectos de la realidad, embriaguez de la palabra sonora despertando acordes en el alma, olvidó todo significado, el mensaje y el metamensaje, quedaban flotando pequeñas partículas blancas y signadas de tinta en el vértigo de la desmesura, la sucesión ad infinitum crear, destruir, conservar, y así por mandato de dioses antiguos y esfuerzo y tesón de los doctos, buscando la doctrina, pero eso ya no estaba, ya se había borrado de todos los libros y de todos los labios.

*

Había una sabiduría profunda en la noche,

El brillo de las lágrimas y de las estrellas,

Una recóndita felicidad en la desposesión y el
  dejamiento.

*

El último regalo,

Permanecía impregnándolo todo,

Había sabido estar allí y luego irse,

Pero quedaban engarzados en los árboles del jardín

Las flores de la noche, el aroma fuerte y embriagador de
  la certidumbre en el obrar,

La magia de la acción en la no acción,

La simpleza del tallo de hierba erguido

Y el altar donde se ofrecía de continuo a la avidez de los
  comulgantes.

*

Observó que la urdimbre de su mundo era recia

Trenzada en los hilos de un vuelo de vencejos,

Ahora se desvelaba a sus ojos

La imagen tras el azogue,

Dios detrás de dios,

La entereza.

*

Nos sobrevivían las cosas,

Era abominable el peso de cuanto fue querido,

Rosario de amuletos y mascotas, el cofre del tesoro con
canicas y cromos,

Y nadie nos contó que el tiempo volaba sobre nosotros,

Nos hacía sombras, nos desdibujaba,

Nos relevaba a bruma accidental, solo humo de incienso
y cera de velas,

Y por más que los artífices servían al narcisismo de los
soberanos

En la ingenua perpetuación de sus efigies,

La piedra desgastada, el bronce lamido de orines y las
loas apolilladas

Venían a confirmar el triunfo de la muerte también del
otro yo,

Horadado de gusanos, taladrado de ausencias,

Más dilatado, aunque efímero.

*

La fiebre de la adivinación para horadar la realidad,
encontrando el futuro en otro presente intuido en los
hexagramas, las figuras de naipes, los rayados cascos de
las tortugas, las manos sangrantes indagando vísceras o

buscando en el cielo indicios en las nubes, la mitología del tarot y los santos auspiciadores, la inquietud ante el futuro incierto empujaba a las multitudes a encontrar atajos en los caminos, sendas seguras en la adversidad, y seguía sin comprender ese dilatado escenario que supone la vida y se confunde y se sorprende en la ausencia de todo espectador, y juega a hacer, y transmuta ser en parecer, y no hay otra cosa, y no hay otro signo, y no hay otra respuesta.

*

Milagro incesante, el brillo enamorado de ojos en la
    sombra.

*

El camino era tortuoso, quedaba atrás un mundo
    devastado,
Tropezó su sandalia en un guijarro,
Se hizo la luz.

*

Calló. Trabajó su huerto.
Florecían en la noche luciérnagas en el camino murado
Y céfiros blancos acunaban la aurora.

*

Surcaban los mares barcos atestados de una doliente
    humanidad,
Poblaciones temerosas y heridos, desesperanzados
    corazones
En una conjunción inevitable,
Los hilos del destino anudan tan difícil síntesis para
    volver a despertar
Ternura en tanto éxodo, la necesidad sobre el caos,
Volverá la vieja aguja imantada al vértice de bondad,
Mar en calma, próspero viaje.

*

Soñó que le soñaban,
Era un leve deseo moviéndose en los laberintos de un
    mandala,
Alguna vez la conciencia de sí mismo le sorprendía
    desnudo en su paisaje,
Era dicha fantasía solo un ave errada,
Brizna de hierba cabeceando a un viento loco,
Lo más frágil, lo hermoso,
Adquiría tintes de una revelación
Y en el afilado borde de la tarde
Una vez más se conjuraba el misterio.

*

En la oquedad fría del agua de la tarde,
Reposo en todo páramo,
Amena alameda y manantial cautivo.

*

Oscuridad dentro de la luz,
Su Dios oscuro
Se revelaba en la noche y en lo opaco.

*

Y el ángel del Señor descendió del cielo
Y señaló las tierras con su espada flamígera,
Así expulsó al vate de su torre de marfil
Señalando el cúmulo de imperfecciones de un planeta
        cansado.

*

Ahora el poeta observa consternado
El borde imperfecto de las nubes,
La rutina, atmósfera aburrida de las calles que pisa,
El transcurrir anónimo de coches
Donde, aun ocasionalmente brilla como luciérnaga
La esperanza de los viandantes esforzados.

*

En el parque constreñido de edificios

Los perritos sacaban a pasear a sus dueños

Y un anciano cultivaba su soledad leyendo aburrido un
periódico

Sobre un banco avergonzado ornado con las ruinas de un
grafiti.

Aún hay lugares

Donde el cielo se regocija con la tierra,

Y en la bisectriz de mundos posibles

Vuelven a surgir ninfas y pastores,

En el delirio delicioso de nuestros poetas renacentistas

Que son ecos de otras voces no pronunciadas,

Porque la humanidad inventa sus dioses y sus dichas,

Para colmar el anhelo,

Para reconfortarse con la gracia,

Y descubre de nuevo la alborozada compañía de
amapolas en las mieses,

Y las rutinas se rompen como por ensalmo

En las conjeturas y los anhelos,

Podrá sobrevivir la especie

Con ese deseo de soñar el goce.

*

El mar volvió a ser para ella
Un inmenso depósito de tinta china,
Lo negro, lo insondable,
Pero, huida la majestad, quedaba resumido en un enojoso
    tedio,
En su ánimo también se ahogaba
Y al zambullirse faltó el consuelo de la espuma,
Flotaba, pasiva a la deriva, mirando un cielo sin estrellas,
Era también el mar,
Y en ese momento creyó sentirse observada,
Por algún dios inclemente,
Que formaba también parte de su paisaje,
Soñó que soñaba un mar,
Largo de noche sin luna,
Pero, gaviota, notó dentro
Una rama de olivo y la esperanza.

*

La insondable tristeza de un lago vacío,
El jubiloso azul riente del alba,
Están en ella,

Y el fuego orgiástico

Y la neutra purificación cuando se extinguen los
recuerdos.

*

El error era pensarse,

Una confusión, la nostalgia,

Construcción espinosa sobre un suelo de barro,

Los ladrillos son de nada, de nada la argamasa,

Pura ilusión, brillo vacuo de zafiro,

Solo eso, es el pasado y sus tropelías,

Y contraponiéndose al regusto agridulce de la mirada
hacia atrás,

Surgía como por revelación la certeza,

La seguridad de la mirada vuelta hacia ese vacío que
antaño nominábamos Yo.

*

La pérdida,

El globo que se escapa al cielo radiante, en su progresiva
disminución

Y la mirada acuosa y triste del niño que dejó escapar el
hilo entre sus manos.

*

Siempre brillará el sol detrás de estas paredes,

Y la red es un estanque de brillo sin fondo,

Hay un beso en el azahar de la rosa,

Agua de la vida surgente,

Hay el amor.

*

La pisada arruinó un microcosmos,

Quedaron humilladas las humildes hojas de la primera
hierba,

Los granos de arenas rebulleron aniquilando todo
remanso de vida,

Conmoción inimaginable para el ser humano, que,
orgulloso caminaba

Dejando vacíos en sus huellas.

*

La heroicidad de luchar conociendo de antemano la
derrota,

Perfiles de acero en el aire de una primavera precoz,

Agua de violetas en el aljibe,

Como magia crear paisajes de arboledas,

Granadas que se abren en un jardín cercado,

Y la paz incomprensible cuando cesa el festival de la
pólvora,

Y luego un río que se prolonga inconcebible llevándose a
 flote el dolor

Y un eco en el cimbrear de juncos y libélulas,

Confusa primavera de contrarios para desafiar todo
 sistema

Y la esperanza en el tamizado musgo, seda, brillo, que
 dulcifica el doloroso pasado.

Una luz en la adversidad,

Y un abrazo cuando no puedes más y el amor se hace
 cuna.

*

El amor es un libro de mil páginas vacío,

Una rama florecida de espino albar,

El amor es perder pie en el mar del amor,

Tus ojos de sombra de violetas es el amor.

*

Metáfora de la desolación como posibilidad,

Tanto universo elaborado con sutiles palabras,

Esa construcción poética que se babeliza interminable en
 su ascensión,

Pirueta improbable en función de raras conexiones
 neuronales,

Lo aleatorio de un paisaje, la permuta de una sílaba,

La demorada cadencia a punto de interrumpirse si el flujo
    se detiene,

En vilo todo, artificios dependientes del sentido del
    viento, fuegos posibles,

Conjunción de brisa y ola que acaso bordee de espuma el
    agua,

Tanta duda, tanto azar.

*

Aún sonaban en los recovecos de su memoria los cantos
    de las sirenas,

¿De dónde manaba esa sed, ese anhelo

Que convirtió su vida en una búsqueda?

*

Las múltiples lecturas le transformaban en protagonista
    de historias inverosímiles,

Y a menudo experimentaba sentimientos cambiantes,

La adicción a ser otro fue también su forma heterodoxa
    de renunciar.

*

En la demorada tarde sedienta de oro

El agua reposada se reflejaba a sí misma en ondas

Y esquivos trazos de juncos otorgaban al aire su cualidad
    de paisaje a plumilla.

*

Fatigosos adjetivos desviaban el camino,
Oscurecían la silva renaciente,
Y ocultaban el caudal.

*

—¡Fuimos tan felices!
Hablaba solo.
Las palabras se disolvieron en el vacío,
Su sonido fue tañido de campana,
Como romance viejo, sonoridad austera y abrupto final.

*

Encaramada en la noche de agosto,
La luna llena miraba curiosa los fuegos artificiales,
Duplicados en la cinta del río.

*

Abdiqué de mí mismo,
Dimití,
Arrojé mi careta al foso,
Clausuré mi espejo,
Olvidé mi nombre,
… Y ahora,
… Sucedo.

*

Oscila lenta la nave, parece crujir el eje del planeta en su
    giro,
Vagan aves marinas en el sueño que trae la calma,
Irisaciones tamizan olivos y rocas,
Voces dulcísimas tras las rompientes,
Un horizonte de olas cierra los puntos cardinales,
Partimos antes de la memoria de los hombres
Y nos entregamos, esforzados, al olvido.

*

Hoja seca,
Joya de la sabiduría,
Nos abre las puertas a la luz de la realidad,
Efímera,
Hace posible intuir la transmutación,
La recombinación de átomos y astros,
Flotando en equilibrio en la ingravidez de lo que es,
El vacío renovado,
El surgimiento de una membrana de pompa iridiscente,
Y esa continua recreación de los mundos posibles en el
    mundo,
Constelación de deseo y conocimiento.
¡Déjala estar!

*

En el pantano el barro seco se fue revistiendo de
    minúsculas hierbas,

Tapiz incipiente que preludia el otoño inaugurado de
    lluvias

Y abrazos de nubes y besos de humedad y olor de sombra
    violeta.

*

O
Simplemente,
Sucede.

*

Volver a la raíz de la madre tierra,

Nunca es tan dulce la muerte,

Te acuna la marea y en tus párpados el musgo

Y en tus oídos gira la armonía de los astros,

Y la vena de la tierra acaricia tus manos y te dejas
    dormir.

*

El viento nos llevará consigo,

Hoja caduca, y aire de azahar.

*

Dios es un sueño,

El soñante reza,

La tierra oye sus plegarias.

*

Despojadas sus acrópolis por ladrones eruditos,

Aún flotaba en la brisa de Epidauro la serenidad de la
sabiduría,

Y eran penetrantes los olores violetas en el dilatado
paisaje de Olimpia,

Ahora en calma,

Así venció Grecia al olvido,

Refugiándose en él,

Y dejando un reguero de nostalgias,

Ecos aclamando a los atletas,

Cantos para las oraciones en los tesoros de Delphi,

Se adivina en el hueco todo lo oculto que conmueve el
mundo,

Y una historia que es siempre la misma historia

Y nos inserta en ella como histriones y nos lanza a la
tragedia como a héroes.

*

Cantad, hermanos, bailad en esta celebración que
convoca lo que nos es dado vivir,

Que el vino nos da la palabra y el sueño,

Abrid las puertas, vaciad las cráteras en la solemnidad de
esta exaltación,

Porque todo se deja enlazar en esta danza que nos
embriaga,

Y la puerta se abre y la luz ciega,

Y sentid ese duende travieso que salta juguetón anudando
corazones

Y tomad ese escudo protector, y cuando lloréis,

Recibid el beso de los desamparados

Y soñad ser ese pequeño amuleto anudado al pecho de
vuestra amada.

*

En ese momento exacto,

Cuando no se admiten órdenes ni amos,

Pero se quiebra el alma

En la fragilidad de una humilde piedra solitaria en el
páramo,

Satori como extrañeza y revelación,

Influjo tumbativo que no requiere la augusta potencia de
un dios,

Sino la vacuidad de la lámina más transparente del agua
en comunión

Y en esa sabrosa experiencia de lo inefable,

Reservarse,

Sigilo en la lectura de la Palabra,

Cautelas como pasos prudentes

Aunque no se derrama el tesoro de gemas

Porque el universo es un lapidario de piedras preciosas,

Y el pie que huella la arena del camino

Deja sembrada una flor,

Y el cosmos es una áurea prístina rosa,

El sabio cerró sus libros, cerró sus ojos, cerró su mente,

Reflejada en la pared de su celda,

La magia de un polígono de pétalos

Consagraba un silencio de loto,

Se dejaba hundir en la geometría que abría la puerta a
        Dios,

Y Él era la explicación cuando no hubo palabras

Y la certidumbre de los bienaventurados.

*

Reparó en una curiosa disyunción.

Vivía en dos mundos.

Se manchaban sus botas de hez y barro

Y la música primigenia,

Liquor subtilis en la armonía de las esferas,

Deslumbrante fuerza del sol negro, el aliento de la
        Presencia

Embriagaba mientras tanto su alma.

Venenos en el agua,

Arcoíris efímeros se escurrían sobre la superficie del
  gasóleo derramado,

Como serpiente multicolor deslumbrando en su gala

La frágil consistencia del pájaro incauto.

Había regresado de un largo sueño,

En su maleta traía viejos escritos,

Donde la bruma y la memoria trenzaban arabescos

Y un hilo discursivo se rompía de continuo.

XII Vuelo

Se dejaba llevar por una senda desdoblada,

La razón asentaba sus pasos, estampado de huellas sobre
el camino,

Y remontando el aire, algo como la estela que deja la
tarde,

Sugerida de signos invisibles, como vuelo,

Como el deseo de creer en algo al encenderse las
primeras estrellas,

Y ambos itinerarios se torcían enroscándose

Y encontrándose en la recamada piel brillante

De una serpiente omnisciente.

*

Y luego no supo

A quien había robado los recuerdos,

El hilo de plata se rompió y alguien cerró las puertas
detrás del bosque,

Creía escuchar el deslizamiento de un telón

Y el silencio que precede a los primeros aplausos.

*

Crisantemos que moja la lluvia,
Frágiles como el reflejo sobre la lápida despojada de
    letras.
Interdependencia, transitoriedad, vacío, sufrimiento.

*

El paisaje se reducía a un estanque,
Cordillera de musgo
Y una libélula confundida en su reflejo.

*

Yo soy la historia inacabada que inútilmente memorizo y en el renqueante balbuceo se hace frágil el discurso, al embate de mínimos acontecimientos adversos y en otra parte del libro de mi vida brillan victoriosos soles y acaso también la penumbra y la zozobra, de saberse vivido superpuesto a un guion no pactado, y cuando no víctima, caudillo de opresiones, otrora seducido por el malestar de una belleza de continuo fugitiva y sedimentado en hastío y luego después renacido a todas las esperanzas que me fueron otorgadas como el mejor regalo, y en otro rincón leí que la vía era no leer, el deseo se disuelve como vestigios de nubes en el cielo profundo, la paz interior mana de sí misma, y el sello se abre y el paisaje es un esbozo sin aristas, y vuelves a ser la no forma, la supresión del hálito, la puerta por donde entras, por donde entro.

*

Geometría de la serenidad,

Ondas concéntricas de un agua mansa en el arroyo que se
     hace estanque de la tarde

Y un junco dibujando su arco en el cielo.

*

La hoguera de todas las bibliotecas incendiadas,

Despide, sobre el enojo de las llamas,

En ondas de humo,

Papeles blancos como palomas liberadas.

*

Cuando fueron abiertas todas las puertas

Penetró la noche en la casa desarmada.

*

¿Qué quedaba en pie del viejo faro, anclado en la cresta
del acantilado en las tardes largas del verano, meta de
amenas excursiones demorándose en los meandros del
borde de la costa, o bien de la torre que un bravo vendaval
en los labios heridos del poeta amenazaba derrumbarse
para siempre, dejando tan solo un rastro en la retina y una
llaga en la memoria?

*

La lectura lograba en ocasiones efectos magníficos, como cuando dilataba el recuerdo de hechos ajenos que así eran incorporados, a modo de teselas de un mosaico bizantino, para enriquecer las vivencias de un demorado lector. La virtualidad deparaba sentirse deslumbrado tanto por el brillo áureo de los interiores de Ravena, como sufrir el hedor de un pozo en el subsuelo de Roma, vivir en Katmandú, agonizar en París, o hundirse en el tranquilo desconsuelo de una lectura aburrida.

*

Ese juego cambiante de nubes en octubre, y el espejo frío donde no hay reflejo sino la sucesiva alternancia de luces y sombras, y el eco en su alma cansada de sentirse mínima en la vertiginosa senda de los matices e indicios, y la sensación de ser el fondo de los días, de llenarse de penumbra en cada oscuridad y no poder alcanzar el instante de la calma plena, la presencia del cáliz de plata en la mesa bien guarnecida, el tacto amable de terciopelos para la caricia de las manos y música que aquieta todo desasosiego e instalada en la beatitud, se deja aceptar y ser aceptada.

*

En la oquedad de los momentos parecidos
Fueron dichas las mismas palabras,
Pero los labios eran otros.

*

Así pareció que el saber trascendía, fórmulas congeladas en la cultura, dichos que pudieran nacer de la inexorable experiencia, y que se rebelaban contra lo oscuro, buscando asideros, para la consolación de las almas prudentes, frases para la historia minúscula de cada día a día, combinación inmutable de vocales y consonantes, mero ruido, lo que se degrada a balbuceo, sentencias de dudoso significado, rotundas y vacías, huecas, sonidos articulados en el aire poblado de polvo de tiempo, y la lenta desfiguración de las estructuras, el degradado de las tintas, desencaje del boceto y deshilarse del tejido, borrado con su huellas de limaduras de goma, grafía sucumbida bajo el tipex, página en blanco.

*

Encadenado en una sucesión vertiginosa, escuchó el eco
        de su voz
Y divisó en el más lejano multiverso
Su reflejo de mínima partícula donde recomenzaba
Su incapacidad para toda comprensión.

*

Aún cabía posibilidad a la esperanza,
Todavía era el tiempo de la paz,
Lejos de toda moral, nos encontramos,

Después de tanto dolor,
Nos reconocimos buenos chicos,
Volvíamos a la casa común,
A nuestra madre tierra.

*

La noche era un inmenso transatlántico varado,
Intuido en la mirada que acuna el sueño,
Aliento de la brisa marina, volvía a comenzar una vieja
    historia de su infancia,
Ruidos y rumores de fondo de océano y la antigua resaca,
Y las algas oleosas meciéndose en la fosforescencia
    empañada de bruma,
Y la sospecha de volver a sentirse perdido.

*

Tanto cielo,
Una gota de agua en la punta de una hoja de hierba,
Sagitario.

*

Amaba
El cálido aliento en ese prolongado atardecer de oro
Y las palabras antiguas.

*

Yo sé que ella me espera,

Que templa con su cuerpo las sábanas de mi noche

Y me acompaña como alba prometida en la deriva de un
    incierto navío.

*

Un rescoldo de ángel de la guarda alentaba en esa secreta
confianza en la fuerza del aire para retener en la caída,
del amor compasivo en las llamas vívidas del fuego, de
ser también el agua, espejo y reflejo, universo interior
que trae la calma en la vorágine, de ser abrazada en esas
raíces y acunada en la arcilla que nos moldeó. Y ser el
uno y el todo en el milagro del verbo, y la nada en la
ficción de la vida, y abrir la puerta y desvelar el sello, y
tomar la pequeña maleta y emprender.

*

Todo el otoño quedó apresado en una pequeña acuarela.

*

La sibila pronunció la palabra,

La sombra de un oscuro ofidio se escurría hacia donde no
    brillaban las antorchas,

El vuelo errático de un ave aligeraba el cielo de Delphi.

*

Cabían en el mismo instante las intermitentes lluvias
descolgándose en un contrasol, cuando un viento
travieso tapizó de hojas las márgenes del río
Y el sol reía en las gotas brillantes suspendidas contra los
añiles de un cielo breve.

*

Producto infausto creado por el hombre, aprendiz de brujo
al que un narcisismo irreparable empujó por la senda que
le alejaba de la madre Tierra, la creación perversa de una
humanidad equivocada, que ofreciendo un regalo envenenado hizo morder la manzana, deleite perecedero
augurador de males, plástico diseminado cual metástasis
ambiciosas a la conquista de los cuatro elementos, la transformación por el fuego en un ominoso humo indiciario de
adversidades, balanceado en las mansas olas, ahogando la
vida marina, derrumbando cetáceos, aniquilando peces,
sembrado para nuestra desgracia en cerros, campos y
valles, floreciendo en lóbregas tierras, arrasando paisajes,
degradados, humillados, vencidos, flotando en partículas
de un aire que ha perdido su cristal y se ha engalanado de
ceniza, microplásticos buceando en el interior de la sangre,
replicado en tejidos y órganos, cerrando el futuro,
amenazando la vida, ha llegado la hora de la revuelta,
pacífica, amable, del retorno al respeto, de volver al jardín
que perdimos, a la casa que añoramos, al cielo que se

reflejaba azul en nuestros ojos de niños, hermanos, hermanas, tomemos la iniciativa de regresar a otro, a aquel, a ese mundo posible donde lo que construíamos no mordía nuestras manos, lo que confeccionábamos era amigo de la especie humana, lo producido nos reconciliaba con el cosmos. Ojalá llegue pronto un día en que nuestros hijos nos pregunten qué eran los plásticos y podamos contarles que se murieron, como el ogro y la bruja.

*

Aún sentía apego. Sujeta a la rama de un despoblado árbol, sufría el azote del viento otoñal, y era agitada en sucesivas ráfagas, que desprendían a sus hermanas, hojas acartonadas balanceándose en manos del cierzo. Observaba con tristeza el manto oscuro de montones de hojas secas acumuladas sobre las raíces del bosquecillo y anhelaba un deseo distinto: dejarse llevar, flotar en el aire, dejar de ser, ser aire, dejar de saberse aire y ya no ser, o ser lo ínfimo y lo íntimo que está en todo. Así, alcanzando la aniquilación cesaría todo movimiento, toda mudanza, todo lo que le acompañó en su vida de un año y que ahora se disgregaba como el polvo en el viento y las notas de la antigua canción. Pero en ese crepúsculo de su vida anidaba algo como el brillo del oro en el ocaso, la más alta y suntuosa percepción del derroche, la metamorfosis mostraba su más hermosa creación, y el caminante encontró el árbol y la hoja y comprendió.

*

El día
Es pleno.
La noche,
Un beso.

*

Urgido por el sufrimiento,
Que hermoso desprenderse.

*

La plenitud de un haiku.
El halo de un ikebana.

*

Vanas palabras que rozan sin posarse en la realidad de las
cosas,
Cuanto sufrimiento de la mano del razonamiento
discursivo,
Qué equivocada senda que aleja del mandala e instala en
el laberinto.

*

Poesías,
Excrementos de un pensar-sentir en el salón de la
ortodoxia.

El pasillo lleva al jardín:
Matar al Buda.

*

Me asomo a mí mismo:
Un pozo vacío
Y un cielo en el fondo.

*

Cieno en el fondo
Y una burbuja coronada de brillo.

*

Astillas de un cielo confundido,
Humo como telón de fondo, la inminencia de un
    cataclismo
O el lentísimo aburrirse de un paisaje glacial,
Barridos en barahúnda los recuerdos, se llevan partes de
    nosotros,
Cuando buscas tu rincón, el beso de la almohada, abrazos
    de sol
Y se te devuelve licor de vinilo y la retina se diluye en un
    infierno de láseres,
Estoy confundiéndome en la palabra, opaco,
Clandestino,

Me confunden con un argumento figurado,

Entre la convención y la locura,

Bailando en la intención de parecernos jóvenes,

Jugando a abrir todos los cajones,

Y no sabíais que medida adoptar en la catarsis de las
lágrimas,

Danza de desamor y en el guardarropa una adicción
inconsolable

Porque una vez leí que la felicidad y el sufrimiento están
en nuestra mente.

*

No son las palabras sino vagos quejidos

Emanados de la esencia del deseo,

Sustancia depurada de toda carne,

Artificio y oropel en el gran teatro,

Y el prestidigitador oculta corazones y extrae palomas

Y un zureo de ave impalpable queda mudo en el pecho.

*

El Señor es mi pastor, nada me habrá de faltar.

Pero le duele la nostalgia de los dioses caídos,

El olvido que es derrumbarse estatuas y borrarse los
mitos que lleva el viento,

Y aún hay hueco en su maltrecho corazón para la epifanía
del barro,
Para el niño aterido y la madre solícita,
Cuando pugnan en desigual combate la armada razón
Y un sentimiento amoroso que protege su objeto,
Así trascurría el afluente en sus meandros
Presintiendo la inminencia de una desembocadura
Para libarse de las vueltas y revueltas que configuraron su
escepticismo.

*

Gira, gira, caballito engalanado de luces de colores en el
carrusel de las fiestas de invierno, con algo de acordeón y
nostalgia de cables combados de bombillas balanceándose
en la memoria de la fiesta antigua y el humo de los churros
velando la verbena y el ruido de sirenas desconcertando el
aire, lugar, vértice de todas las celebraciones y donde
convergían las miradas de papá y mamá, la bufanda
restringiendo el paisaje y los guantes de lana agarrados
también a la barra que sube y baja para que brinque el
caballito de cartón y la señora asando castañas con la
badila para parecerse también a una figurita de belén, y
agitaba mi mano pero en el torbellino de padres y niños y
juegos y colores no veía a mamá y seguía la música con
acordes de xilófono y aún tenía en el paladar el regusto de
un algodón de azúcar y las manos frías y los ojos brillantes.

¿A quién está mirando ese niño de la pequeña fotografía en blanco y negro, tan formal, callado, con un fondo difuso donde se presagia un caballito de madera y un jardín tropical, ignora que ojos más cansados le contemplan desde una distancia de décadas, y que se quedó descolgado al inicio del camino, se adivinan las palmeras en el aire, siluetas de sombra tijereteando como gaviotas el azul puro de un cielo mediterráneo, demasiado absorto, pero sabiéndose importante y objetivo de un padre que también supo ser cariñoso y compasivo, y sus ojos taladran el espacio vacío y resuenan como palabras que no se pronunciaron pero pudieron constituir una gran novela, un relato completo con un inicio colonial y un término literario?

*

Versos sobre el asfalto,
En el ominoso suelo negro
Como guirnaldas de flores columpiándose en la noche
	cerrada.

*

Me piensan y así se me otorga un ser y una sombra.
Después, cuando madura la conciencia sobre lo
	inarticulado

Surge la palabra y se construye con esfuerzo lo que es
    fuente de perplejidad

Y dilema en la elección del paso correcto,

Busco el sentido de la realidad, la certidumbre de mi más
    pura esencia,

Acosado de deseos, ardo con una llama aséptica, porque
    la oportunidad es escurridiza y huye a menudo

En el horizonte combado,

Y la edad consigue ir enfocando el objetivo, con tesón, en
    una sorda lucha

De temblor y dureza,

Y finalmente ves llegar el final que atenaza tu esperanza,

Tumbado en un páramo y rodeado de un círculo de
    buitres que circundan el cielo,

Y aún después, entiendes que como en un cuento de
    Borges,

Llega fatal el asesino, pero el sueño termina,

Y un conocimiento que viene del lado opuesto

Trae con la disgregación del yo,

La calma y la pureza.

*

Teología del musgo, corcho y serrín,
Misterio
Donde la luz brilla en los ojos del yo niño.

*

Ella se desdijo de todos sus versos, cuando encontró el
    vacío en las palabras,

Era oropel su concisa pregunta y filigrana de oro toda
    respuesta.

La respuesta era el silencio, la respuesta era no formular
    preguntas.

Para qué andar con pies de plomo en esta lona de alas de
mariposa, porqué tanta torpeza en el camino que se
multifurca, araña telúrica, locura geométrica de dudosa
resolución, todo lleva a todo, no sabrán abrir las puertas,
estaban cerrados vuestros ojos, no hay sujeto para este
paisaje, el aburrimiento manaba como flores venenosas en
la senda y una duda rajaba todo cielo. Este terreno es el
escepticismo que nos arrastra y nos horada en un inmenso
agujero, dentro de nosotros anida la nada,

Pero algo con fuerza de imán quiere volver a congregar
toda minúscula sustancia para restaurar ese montón
informe de carne y finge soplos de espíritu y coronas
angélicas.

*

Como en un espejo
Contemplo en mi reflejo
El reflejo de un dios
Que me necesita.

*

Era tan inmenso su deseo
Que configuraba la deidad,
Le otorgaba su reino
Y creía nacer su alma.

*

Valiente,
Construye su nido en el dolor,
Y lo templa en la finitud de todo lo ideado
Sin necesidad de brillos ni de alas.

*

Ikebana,
Belleza presente
Y despreocuparse de todo afán.

*

Y otra tarde de la lejana infancia un niño (que años
        después moriría para
Transformarse en un adulto cínico) observaba a través del
        objetivo un micromundo
De gérmenes acuáticos. Gozoso privilegio, escudriñar los
        rincones escondidos

Donde la realidad bullía, ignorada por el orden dictado de
    los mayores,

Seres levísimos de agua y luz flotando en un círculo
    tembloroso, cuyo brillo

Oscilaba según recibiera la intensa luz focal que
    atravesaba el porta.

Y el microscopio se convertía en poderoso instrumento
    que facilitaba el acceso a otra dimensión.

Y él jugaba formando ya parte de ese mundo, dejando su
    mirada acompañar

La marcha sinuosa de los paramecios y las espículas
    tornasoladas que,

Artefactos en el campo de visión, remedaban ser
    misteriosos seres híbridos

De alma y espina. Tal vez fue entonces cuando pudo
    tener una intuición terrible:

La de ser él mismo un protisto observado a miles de
    galaxias por un ser

Inconmensurable, que a su vez era el centro de la
    atención de algo ya indefinido

Y de inconcebible figuración. Entonces pudo optar por
    desterrar esa idea

Que le ensartaba en una sucesión encadenada de
    servidumbre y espanto

Y, con la magia que aún saben dominar los iletrados, hizo
    desaparecer la fantasía

Y creó otra más de su gusto: era investigador, descubría
al fin el microbio

Que provocaba la infelicidad y, antes de exterminarlo, de
momento lo observaba

En su hábitat, y ese ser diminuto se le hizo amigable,
comprendió que era conveniente

Su existencia en este mundo, y que tal vez su extinción
acarrearía la de

La especie humana. No era pues la transgresión en el
Edén la causa del sufrimiento,

Sino la tolerancia con que el niño, nuevo Dios, protegía a
todos los seres creados,

Albergaba a todas las posibilidades, se abría a cuanto
hubiera en el seno

De la inmensa matriz cósmica y con un "Sea" validaba la
Realidad.

*

Y muchas edades antes se habían aposentado los dos
ejércitos en la dilatada llanura De Kurusetra,
y si en los tiempos pasados había presidido la
gloria en los cielos hindúes

Y los gandharvas volaban entonando himnos de alabanza
a los dioses benévolos,

Si cuando los justos honraban la verdad y la justicia se
vertía del cielo

Una lluvia de flores e inundaba el aire un dulce aroma
embriagador,

Ahora las armas marcaban el dominio del instante, se
presentía la unión del hierro con la sangre

Y la inminente catástrofe bélica desgarraba el ánimo de
los valientes luchadores.

Y en ese momento que parecía el último minuto de paz
antes del cataclismo,

Krishna el Dios, se acerca al virtuoso Arjuna y en su
carro de combate

Surge la más emocionante conversación, paradoja de la
paz naciendo de la guerra,

De la flor surgida del tronco devastado, de la luz
emergiendo de la noche,

Y del amor que sabe nacer en el paraje más pobre de
corcho y de serrín.

¿Y ese no es el mismo paraje que recorre el Camino,
itinerario iniciático,

Cual Vía Láctea, senda nutricia de los buscadores
errantes, anunciada como presagio

Por los personajes marginados que salpican las
enseñanzas ortodoxas de Confucio.

Magistral encuentro entre este ilustre representante del
orden y el sabio anciano

Que intuyó los misterios del Tao, una reunión breve, una
    mínima convergencia

De dos cosmovisiones enfrentadas, aunque unidas por el
    dictamen que marca

La necesidad de los contrarios. Lao Tse, maestro
    escondido en los bastidores

De la historia, iluminando mundos, pero oculto, la tierra
    es su libro,

El aire su camino, el agua, el esplendor de una realidad
    inasequible,

No hay protagonistas, no hombres ni mujeres, el barro
    manso, la piedra bloque de luz,

El que habla no sabe, andar, andar, andar, renuncia de
    todo oropel, vuelta a la pureza
    primordial, el que sabe no habla.

*

Hay dos gorriones
Secándose las alas
Sobre el alféizar.

*

Leía ahora con avidez el capítulo que versaba sobre las
    vicisitudes del alma.

Algunos párrafos le interesaban sobremanera de modo
que se demoró

Cuando la escritura se extendía en una división del
universo en dos mitades.

De un lado se manifestaba el infinito en sus múltiples
presencias: la luna

Modificándose en la vertiginosa sucesión de su forma
cambiante.

Ausencia de brillo contaminando de negro el vacío del
cielo, creciente lunar,

Alfanje de plata, elevado a signo sagrado en la religión de
Alá, el justo, el apiadable,

Y misericordioso, presidiendo alminares erguidos en la
voz implacable

De los almuédanos, luna llena, disco de plata, emblema
de cuánto más recóndito

Se alojaba en su alma, cuando la belleza amarga o
enloquece, y después para cerrar

El ciclo luna menguante, aludiendo al déficit, al declive,
al declinar

De todo sentimiento, en el camino hacia la extinción.
Pero luego prosigue la danza

Del astro blanco ilimitado. Y en el otro margen, el sol,
oro derramado, padre, luz,

Amor, vida, dios y sujeto de toda dominación y poder. La
luna, presencia

Intermitente y alusión a las civilizaciones matrilineales,
al ancestral matriarcado,

A los ritos de la fertilidad, el cuerno glorioso en la mano,
cornucopia

De toda abundancia, culto a los reptiles sinuosos que se
alojan en la madre tierra,

Puerta de alienación y vértigo de los licores espirituosos
para cabalgar

Sobre escobas y alucinógenos, madre luna, oleaje
imparable y agua lustral,

Baño de luna en las frías aguas en la playa de la Lanzada.
Y el sol, guerrero,

Creador y centro, eje y dictamen, apogeo y plenitud,
expansión y oro fulgente,

Sol rotundo asentado en la majestad de un corazón de
hierro.

Y cuando el horizonte atardecía a través de las veladas
ventanas de la cocina,

Ante la inminencia de la cena familiar en la gran fiesta de
la Pascua, se oyó,

Escapado del altavoz del ordenador portátil una voz
insigne, cantando,

Rezando "Erbarme dich", paradoja de la soprano orando
la excelsa pieza

De un Bach arrebatado, música ascética reformista,
    también enredada en las columnas salomónicas

De un retablo majestuoso, mientras llora el alma
    conmovida en la Pasión

Según San Mateo, aún ahora en la cocina agitada
    preparando las viandas ofrecidas

En el ágape del día de paz, porque nace, porque renace en
    nuestras almas

El Dios niño, y la voz sigue, sollozando entre el ruido de
    platos

Y las bandejas agitadas, la cantante convoca un
    sentimiento compasivo

Y en esta paradoja constante que es el vivir cuando
    comienza a morir

El salvador del mundo, nace de nuevo Dios en nosotros.
    Pero la orquesta atenuaba

Por momentos el sonido para luego ascender in crescendo
    rodeado de coros

Y podría respirarse un aura de incienso, aunque en la
    estancia huele a turrón

Y mazapán. Esta fusión posible se repite en el pan-carne
    y el vino-sangre,

Como hace miles de años el soma de los altares era la
    carne de los sacrificios

Y se volvía el humo apreciado por los dioses, Oh,
    Bramma, origen y padre

De dioses y hombre, y hacia el oeste el santo nombre de
   Jehová

Se vuelve impronunciable y se oculta en el sancta
   sanctorum del Templo.

Y qué alegría de polvorones, turrón de guirlache, de
   jijona, roscos de anís

Y aunque ya no se escuchan los villancicos, quedaron
   para siempre dentro

De nosotros, y el frenesí de los últimos mensajes por el
   móvil, llamadas telefónicas,

Felicitaciones animadas en las pantallas y la vieja
   humanidad otra vez

Jugando a ser buena, a sentirse entrañable, tejiendo la paz

Que será destrozada por ese otro delirio que es en el
   hombre la violencia.

*

Mache dich, mein Herze, rein
Erbarme dich.

*

Cercado de pateras, el poeta se embriagaba de estética en
   su torre de marfil,

Y olvidaba que, en el fondo de cuanto nos rodea, todos
   somos perdedores.

*

Perdedores, vencidos, derrotados,

Y otra vez la semilla que germina

En los yermos terrenos del invierno.

Mujeres con las hoces en la mano, grávida tierra, la
    doncella con la espiga de trigo,

Ancianas amasando pan candeal de gavillas de un festivo
    cereal,

La fertilidad en la sangre, la explosión de la vida, el canto
    inacabable,

La luna, cómplice, y su hato de estrellas.

*

Y cuando se llega al final, cuando por fin descubres que
eres solo un argumento de alguien que te pensó, que
fuiste la sombra desdibujada en el sueño de un durmiente,
la imagen velada en una fotografía apresurada, el sonido
de tu nombre apagado en su eco, entonces te estás
acercando a la vía mística donde todo debe deshacerse,
desnortarse, desnombrarse, porque es en el caos inicial
donde germina de nuevo la semilla.

*

Volvió a nacer Dios en nosotros.

*

El silencio y la cuna.

*

Mantente agarrada a mi vuelo,
Surcamos otros cielos, otras tierras,
Fugitivos de la realidad sabida,
Forasteros de cada instante.

*

Soy una roca,
Pero me hacen cosquillas las hormigas
Y la lluvia me contagia sus lágrimas.

*

La luna llena era un disco de plata flotando sobre un
    océano rosado,
Indicio y culminación,
Cuando la aterida tersura de un veintiuno de marzo
Se dejaba detener como quietud y revelación
Y la primavera se hacía presente en el aire turquesa
    desvaído del término del día
En una confluencia de lo efímero y lo simbólico

Para aprender a encontrar un sentido en todo
Y agradecer su posterior olvido.

*

Hubo momentos en que pareció salirse del guion
Aunque la inercia trababa sus pasos
Y la ceguera se expandía, neurotóxico para colmar
      pacíficas conclusiones
Y todo era bueno y acorde en la sociedad domesticada.

*

Azul añil,
Esencia de jazmín,
Iris profundo.

Pequeña letanía.
Amo el desierto y sus espejismos,
El jardín de Dios y el sueño de los justos.

*

¿Cómo puede pronunciarse la palabra en el vacío,
Un fondo de rumor prolongado,
El tedio, el hueco de silencio, la tarde interminable
Donde anida la nada?

*

Ruido de sables
Y un augurio de cipreses en la tarde.

*

Acógeme, Dánae,
Como lluvia de oro.

*

Dolor profundo,
De la herida manaba.
Corazón roto

*

Tapiz,
Un hilo de luz.
Lo que queda del día.

*

Retícula de agujas, organizándose de continuo,
Rectas infinitas atravesando el vacío,
Y nosotros, anécdota, grumo, mácula y estigma,
Sobre la ornada superficie de un suntuoso manto que
      nadie viste.

*

Menos que nada.

Había algo de revelación en esa hora redonda, seis de la tarde, en la que comencé mi paseo acompañado por mi amigo el autor, para recorrer en el recinto cerrado de la sala, huecos de espacio que se dilataban más allá de las columnas, y traían otros cielos, un ultramar fulgurante asomaba triunfal tras pinos diagonales, otras veces en nuestro caminar el aire mudaba en grises y había algo de espejo y de reflejo para abundar en tarde calmas y colores apagados, la vivencia enfrentaba esquemas imaginarios sobre la desconocida realidad, transmutada ahora por obra de pincel e imaginación en los propios paisajes donde estamos, esos panoramas que nos delatan y enriquecen a poco que la materia se desgrana y vibra más color que cuerpo, más alma que soporte. Y ahí tenemos ya el peldaño que nos trasciende. Si el Yo no existe, está ahora en esta fiesta de instantes silenciosos, de casas contra los atardeceres y de árboles callados que auguran la mañana. Me quedo con las olas y el paraje marino se inunda de mí, ecos porque todos soñamos con el mar, o bien la alta atmósfera perfumada de ozono vela cumbres y tapiza laderas donde late la tierra madre y si cobran vida los troncos desnudos retorcidos, se esconde en el borde juguetón un brillo del sol precario del poniente, casonas en el hueco de un instante teñido de añil y regatos transcurren rumorosos en los recoletos rincones de la memoria que ahora actualiza tantos silencios enamorados de eso que es el aire y la tierra y el agua y el fuego…

Y del otro lado el panorama abocaba a un cielo negro para contrastar casas con galerías sucesivas de ensoñación y forzar otros parajes y otros paisajes, jugar a vivir y a pintar, desdibujar el límite de la memoria y ver así la otra realidad más allá pero menos traicionera, brindar por la creación que nos escora a representaciones más imposibles aunque certeras donde anida el gozo de diseñar nuestro propio camino, construir paisajes para vivirlos también desde la sorpresa y el íntimo reconocimiento de saberlos nuestros desde hace mucho, y al final la convergencia de los caminos y la revelación en el ágora.

XIII Elegía

y el vacío, radiante y luminoso…
y dejarse ser…
y dejar de ser.

Revelaciones, inminencias, acontecimientos,
La vida te lleva a un camino que es un anhelo,
Y el pozo es el cielo y de la profunda entraña de la noche
Mana luz…

*

Vuelves a la página vacía
A reescribir lo que la frágil memoria deshizo
Y te das cuenta de que repites los pasos que aún no diste
Y que ignoras las sendas que hollaron de antaño tus pies.

*

Precisamos una brújula para encontrarnos,
Pero también necesitamos un laberinto para perdernos.

*

En este profundo invierno el corazón es un vacío, hielo el
    espejo,
El paisaje, un velo de niebla y los caminos se cierran
Cuando el tiempo es un desconocido y la realidad no nos
    pertenece.

*

Sospechas que se derrumba el edificio de tus tesones, y el
    esfuerzo pierde el paso,
Hay otras tropas que avanzan ignorándote,
E irrumpe lo desconocido en tu atalaya,
Déjate estar, hermano,
Acéptate.

*

Era también una isla.

*

Zoco, jazmín, alminar
Kohl, hierbabuena, cuscús,
Azul turquesa, azahar.

*

Cirros como pensamientos cansados surcaban el cielo
    vacío

Y los pájaros garabateaban notas musicales y letras
De una partitura donde se escondía una música sin
estrenar.

*

Sentías profundamente que todo estaba bien, era el
misterio de lo que no se pronuncia,
Y ese oasis no volvió a presentarse en el desierto
prolongado de tu vida,
Hasta ese otro instante que te sacó de la realidad.

*

Talló su diamante de un carbón.
Descreía de la razón y de sus virtuosos caballeros.

*

Soy la ola que viene a anegarme
Y el sol brillante que nace en su hueco.

*

Su horizonte estaba invadido
De jaulas y de laberintos.

*

Cada día traía una nueva sorpresa, se desconfiguraba el mapa, los caminos se escurrían en torrentes esquivos, el azar jugueteaba con la aguja del reloj y el término era una entelequia intraducible, el espejo confundía la imagen original en el azogue y los invitados de la tarde se perdían en la amplia, desarmada llanura.

*

La palabra, impregnada de lapislázuli, raro mineral,
Simulacro de cielo en la página abierta.

*

Una corona de hierro cerca el horizonte, y troncos de
        árboles caídos
Amurallan la realidad herida de nieve,
La desolación siega los caminos y acalla la palabra.

*

Ojos cerrados,
Dibujos en el cielo,
Lo que perdura.

*

La risa, garabato, horizonte amable para tanta tristeza,
Lo que queda del día,
Siempre podrá brotar, como entonces, la rosa.

*

La tierra, un dulce abrazo,
Musita al oído
Su canción de perdón.

*

Todo te es otorgado,
Ahora, en la renuncia,
Lágrimas de gratitud para regresar a la casa que tejieron
tus sueños.

*

El bardo cantaba con palabras desconocidas, Era extraña
su música,
Nos envolvía al escucharla una bruma de sueño. En el
aire suspendida,
Una nota final se atenuaba, inaudible, dejando la
pregunta sin respuesta.

*

Detrás de la ira permanece en la sombra una profunda e
inconsolable tristeza.
El espejo y azogue, la miel en los ojos del tigre, un niño
que se duele,

La pervivencia de la arpía-paloma, bálsamo y aversivo,
   oro y canto rodado.

Jano bifronte, cuna-tumba, el beso más amargo en el cáliz
   de plata, Los opuestos,

La danza que nos lleva y nos trae, la balanza, el corazón
   y lanza, y un larguísimo sino

De juntarnos y vernos divididos, abocados, enfrentados y
   no saber salir del laberinto.

*

En las altas horas de la noche
Hablo con lo que queda de mí.

*

Seguíamos caminando, comunidad inconfesable, conociendo el vacío que dejan las huellas, se abrían las puertas
con palabras inventadas para un nuevo idioma que rein-
terpretaba el mundo, y sabíamos sin aprender, como desde
dentro, porque nos había sido otorgado el fuego prometeico y, del árbol de la sabiduría, la adánica manzana.

*

Palabras hondas, profundas, como de oquedad, de vacío,
Sima donde se alojan los significados que queremos
   descubrir,
Quedan sin pronunciarse,

Arrecia el duelo,

De nieve,

Blanco,

Se muestra el jardín, abrimos la página vacía.

*

El horizonte, la línea del cielo, juego de las percepciones
  erradas,

Artificio para imaginar un contorno, el borde de todo,

Lo que se desea, paisaje construido con barro y
  equivocaciones, el castillo,

La ventana y un camino que siempre quieres dibujar otra
  vez, sin estar seguro,

Y que te acoge.

*

Manzana de tierra,

Manzana de oro.

*

La pata sujeta a la argolla, una cadena se tensa a los
esfuerzos inútiles para liberarse, animal frágil sin salida,
qué jaula es ésta donde nos sentimos presos de nosotros, y
mientras, los caminos se abren, violados, en la sombría
llegada del crepúsculo.

*

Borrar para que nada quede, negarse el aliento, des-
conocerse, abominar de los pasos dados, que nos abrace el
olvido, porque la rueda es lenta y obstinada, demasiadas
vidas, y el tedio de reencontrarse en los ojos y en los
espejos, ya estaban rotas todas las ataduras, y sin embargo
seguimos siendo de lo otro, del yo, de la palabra, de la idea,
nos sospechamos, fingimos que somos y finalmente
perdemos en el juego.

*

Pero alguien prodigioso
Depositó en la cáscara amarga de la noche
Un germen de alborada.

*

Condenado a entenderme, yo que hablo un extraño
        lenguaje que me ignora,
Encuentro la paz en lo nimio y a veces un bálsamo me
        devuelve a la nada.

*

Bebe, hermano, embriágate de serenidad,
Como dulce sueño que sofoca tus lágrimas de niño.

*

Las palabras eran fuegos fatuos, espejismos, sirenas de
    arrecife,
Maroma rota de los abrazos que huyeron,
Ahora una multitud de cristales rotos espejean el barro
Y sangran las heridas de quien quiere tomar en sus brazos
    el brillo del cielo.

*

Asomado al espejo, se asombró:
No vio nada,
Pero contemplaba todas las cosas.

*

Náufragos de incontables derrotas, invisibles, ahí están
    obstaculizando todo paraíso,
Nos recuerdan con su mirada saberes que quisimos cegar,
Son la estridencia de nuestro salón de baile y el escollo
    en la avenida,
El silencio que amenaza perpetuarse en la melodía que
    quisimos creer
Y una compañía incesante lacerándonos.
¿Quién podrá tallar la palabra perfecta sin ellos?

¿Quién, encontrar la fórmula, pintar con el azul más puro,
     abrir el cofre del tesoro,
Encender otra vez el universo?

*

Vacío flotando sobre la página en blanco.

*

Suspendido el juicio,
Solo quedaba volver de nuevo a volar,
Como de niño.

*

El tesoro era un cuaderno y una caja de acuarelas.

*

Cuando un niño pequeño huye de su origen,
Malpaís, madre cerrada.
… Y aun así.

*

Cielo de agua,
Isla,
Piedra de musgo

Cielo vacío.

*

Estrella de cielo,
Espejo,
Estrella de mar.

*

Nada.

XIV Epílogo

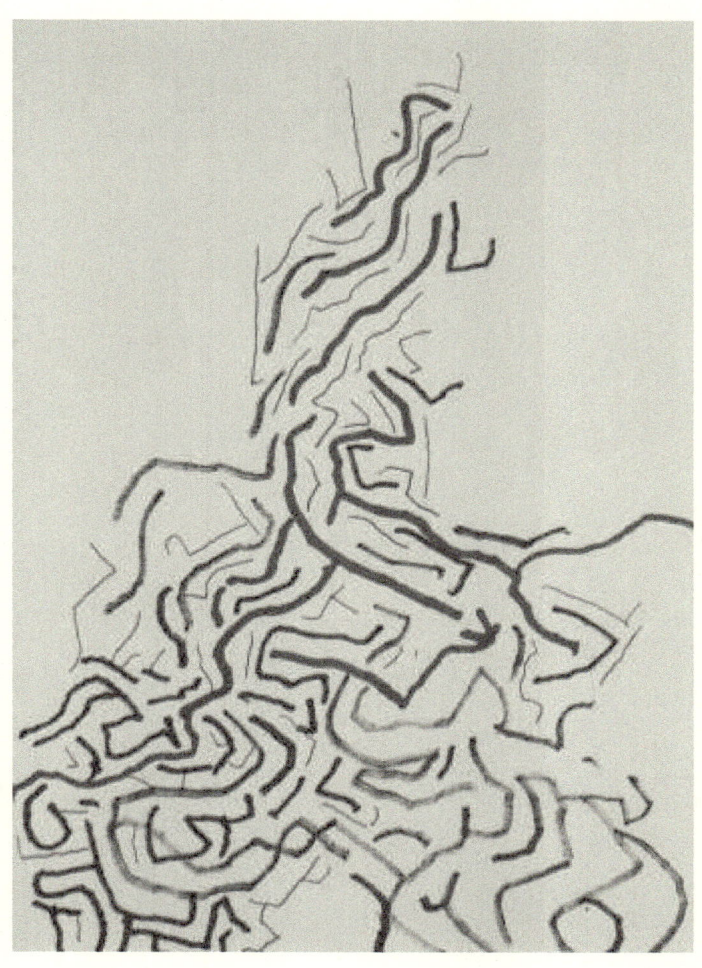

Versos huérfanos.

Quizá es el momento de nacer.

Sombras de jardín bajo la vacuidad del cielo.

Las palabras se escapan de mi boca.

En la negrura encuentro la raíz.

MUSGO, MADERA, PIEDRA
de Rafael Casquero Ruiz
Se terminó de imprimir el 10 de mayo de 2024
festividad de San Gregorio Ostiense

LAUS   DEO

COLECCIÓN DE POESÍA "La Palabra Mágica"
(volumen quinto)

ejemplar 45 de 50